आजादी के 75 शौर्य प्रसंग

डॉ. राजेद्र पटोरिया

डायमंड बुक्स

www.diamondbook.in

प्रकाशक : डायमंड पॉकेट बुक्स (प्रा.) लि.

X-3, ओखला इंडस्ट्रियल एरिया, फेज–II

नई दिल्ली, 110 020

फोन :- 011-40712200

ई–मेल : sales@dpb.in

वेबसाइट : www.diamondbook.in

संस्करण : 2022

मुद्रक : रेप्रो (इंडिया)

Azadi Ke **75** Shourya Prasang

by : *Dr. Rajendra Patodia*

भूमिका

आजादी के अनोखे प्रसंग ब्रिटिश शासन की क्रूरता, अत्याचार व अमानवीय यातनाओं के खुले दस्तावेज हैं। ब्रिटिश लेखकों व पत्रकारों ने स्वयं इन जघन्य अपराधों का गौरवपूर्ण बखान किया है। वे कहते हैं कि 'काले हिन्दुस्तानियों को जलाने में हमें अद्भुत आनन्द होता था।' निर्दोष बूढ़ी औरतों व बच्चों की भी हत्या कर दी जाती थी। इतनी लाशें होती थीं कि उन्हें दिन-रात ढोने में तीन-तीन महीने लग जाते थे। यातनाएं दे देकर उनके कत्लेआम किये हैं। लगातार चारों ओर तोपों के मुंह पर लटकाना, सार्वजनिक रूप से वृक्षों पर लटकाना, हाथी के पैर के नीचे कुचलवाना, तोप से उड़ा देना, धधकती आग में गांव के गांव को घेरकर जीवित जला देना, समुद्र में फेंक देना जैसे क्रूरतापूर्ण कृत्य इनके जुल्मों के तरीके थे।

अंडमान में कालेपानी की सजा पाने वाले बलिदानियों ने उनकी नारकीय वेदनाओं को सहा है। पोर्ट ब्लेयर में विशेष रूप से सेलुलर जेल बनाया गया। सेल में इतनी छोटी कोठरियां थीं कि उनमें पैर पसार कर लेटना भी कठिन था। प्रत्येक कोठरी का मुंह दूसरी तरफ था, जिससे एक कोठरी का कैदी दूसरे कोठरी के कैदियों को न देख सके। इन यातनाओं के कारण कुछ बलिदानियों को आत्महत्या करनी पड़ी और कुछ पागल हो गए। उनके मल-मूत्र विसर्जन, उठने-बैठने पर भी पाबंदी थी। उसी कोठरी में यह सब करना होता था। बैलों की तरह खटने पर भी भूखा रहना होता था।

स्वतंत्रता हमें तभी मिली है, जब इन लाखों लोगों ने अपना बलिदान देकर संघर्ष की ज्योति को निरन्तर जलाए रखा है। उन्हें पता था कि हमारे संघर्ष का परिणाम तड़पा-तड़पाकर दी जाने वाली मौत है। देश पर मर-मिटने को तैयार बलिदानियों ने सिर पर कफन बांधकर स्वतंत्रता-यज्ञ में आहुति देना जारी रखा।

प्रस्तुत पुस्तक में इन्हीं 75 वीरों के अनोखे बलिदानी प्रसंग हैं। इन्हें सदा स्मरण रखने की आवश्यकता है। नई पीढ़ी को बताना आवश्यक है कि आजादी बिना कवच-बिना ढाल नहीं मिली है। अंग्रेजों के आगमन से ही उनके विरुद्ध सशस्त्र विद्रोह की एक अखण्ड परम्परा रही है। बंगाल के सैनिक विद्रोह, चुआड विद्रोह, संन्यासी विद्रोह, संथाल विद्रोह आदि विद्रोहों की परिणति सन् सत्तावन के प्रथम स्वतंत्रता संग्राम के रूप में हुई।

प्रथम स्वतंत्रता संग्राम के पराजय के पश्चात् भी विद्रोह की अग्नि शांत नहीं हुई। शीघ्र ही पंजाब में कुका विद्रोह, महाराष्ट्र में वासुदेव बलवंतराव

के छापेमार युद्ध, संयुक्त प्रांत (उ.प्र.) में पं. गेंदालाल दीक्षित की शिवाजी समिति व मातृदेवी नामक संस्था ने इसे प्रज्वलित रखा। रासबिहारी बोस, शचीन्द्रनाथ सन्याल ने बंगाल, बिहार, दिल्ली, राजस्थान, संयुक्त प्रान्त व पंजाब से पेशावर पर्यंत सैनिक छावनियों में प्रवेश कर सैनिकों को अपने पक्ष में किया और 1915 में विद्रोह की पूर्ण तैयारी की, पर दुर्दैव यह प्रयत्न निष्फल रहा। राजा महेन्द्रप्रताप ने अफगानिस्तान में अस्थायी भारत सरकार ही स्थापित कर ब्रिटिश भारत से युद्ध भी किया। रासबिहारी बोस ने जापान में आजाद हिंद फौज के अनुकूल भूमिका तैयार कर सुभाषचन्द्र बोस को सौंप दी। इस फौज ने भारत भूमि पर अपने झंडे फहराए। भारत में इसका भव्य स्वगत हुआ। ब्रिटिश मुट्ठीभर सैनिकों व भारतीय सैनिकों के बल पर सत्ता कर रहे थे। सुभाष बाबू के प्रयत्नों से भारतीय जनता व ब्रिटिश शासन के अधीन भारतीय सेना भी जागृत हो चुकी थी।

आरंभिक सशस्त्र विद्रोहियों को जनता का साथ और सहानुभूति नहीं मिल सकी। इनके संगठन गुप्त हुआ करते थे। ये न्यूनतम व्यक्ति और अधिकतम बलिदान के नियम से विद्रोह कर रहे थे। इनके यही विद्रोह हमारी स्वतंत्रता की आधार शिला हैं।

इन बलिदानियों की बलिदान गाथा लुप्त होती जा रही है। हमारी हार्दिक इच्छा है कि ये गाथाएं भारतीय मानस में निरन्तर बनी रहें। आगामी पीढ़ी को इनका सतत् ज्ञान व ध्यान रहे। हमें ज्ञात है कि प्रसंग तो अनगिनत हैं, पर हमारी स्मृति से भी लुप्त हो गए हैं। जो बचे हुए हैं, उन्हें सहेजना है, नई पीढ़ी को देना है।

क्रांतिकारियों के कार्य भारतमाता की परतंत्रता की श्रृंखला को तोड़ने की दिशा में महत्त्वपूर्ण प्रयास थे। इनके प्रयत्नों से ही स्वतंत्रता मिली है किन्तु इनमें अनेकों को गुमनामी का अपमानास्पद जीवन व्यतीत करना पड़ा। विश्वास है कि स्वतंत्रता के अमृत महोत्सव के अवसर पर यह पुस्तक अत्यन्त उपयोगी होगी।

–डॉ. राजेन्द्र पटोरिया

आजाद चौक, सदर बाजार, नागपुर–400 001

फोन : 0712–2520327, मो.: 9421779906

विषय सूची

तीन भाइयों का बलिदान

दामोदर हरि चापेकर, बालकृष्ण हरि चापेकर और वासुदेव हरि चापेकर पूना के निवासी चितपावन ब्राह्मण थे।

महाराष्ट्र की भूमि में राष्ट्रीय चेतना का प्रसार लोकमान्य तिलक की वाणी कर रही थी। ये तीनों भाई और विशेष रूप से बड़े भाई श्री दामोदर हरि चापेकर लोकमान्य तिलक के अनन्य भक्त थे।

दामोदर चापेकर को बचपन से ही व्यायाम करने और अस्त्र-शस्त्र के संचालन में अपार रुचि थी। सामान्य शिक्षा पाने के उपरान्त उन्होंने सेना में प्रवेश करके, भारतीय सैनिकों को विद्रोह के लिए उकसाने का संकल्प किया। दो बार प्रयत्न करने पर भी उन्हें सेना में भरती नहीं किया गया क्योंकि शासन उनकी गतिविधियों और मंतव्यों से परिचित थी।

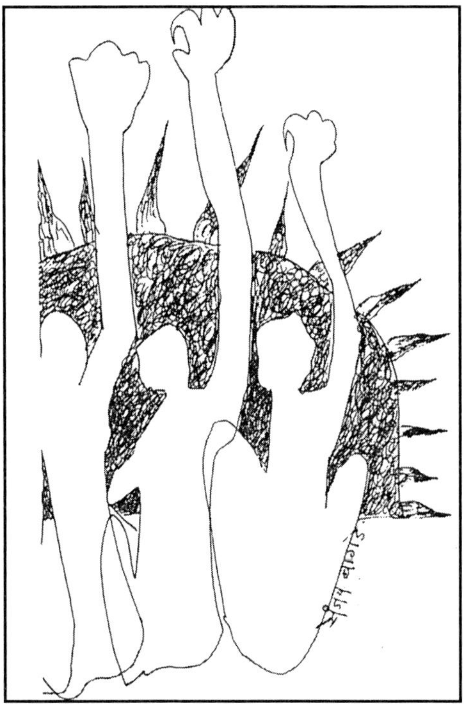

सेना में प्रवेश नहीं मिला तो क्या, दामोदर चापेकर ने युवकों की सेना का निर्माण स्वयं ही कर लिया और स्वयं उन सबको सैन्य प्रशिक्षण देने लगे। युवकों की इस सेना ने भारत-मुक्ति का बीड़ा उठाया और दामोदर चापेकर ने स्वयं ही कुछ ऐसे कार्य करके दिखाए जिससे शासन के कान खड़े हो गए।

भारत में महारानी विक्टोरिया

की मूर्ति का क्या काम? दामोदर चापेकर ने बम्बई में महारानी विक्टोरिया की मूर्ति पर तारकोल पोत दिया और जूतों की माला पहिना दी। बम्बई में ही उन्होंने मैट्रिक की परीक्षा के लिए तैयार किया गया विशाल पंडाल इसलिए जला डाला क्योंकि हैजे के व्यापक प्रकोप के कारण सभी बम्बई वासी उस वर्ष परीक्षा का विरोध कर रहे थे पर सरकार ने विरोध की उपेक्षा की। पूना में भी दामोदर चापेकर ने उस पंडाल को जला डाला जो शासन के बड़े-बड़े अधिकारियों के मनोरंजन के लिए बनाया गया था। इतना सब कुछ कर गुजरने के पश्चात भी सरकार पता न लगा सकी कि यह सब किसने किया। दामोदर तो और बड़ा काम करने वाले थे, वे पकड़ में क्यों आते?

सन् 1897 में जब चापेकर बन्धु पूना में रह रहे थे, तब वहां भयंकर प्लेग फैला। प्लेग की बीमारी से वैसे ही घर उजड़ने लगे, जो रहे-सहे, उन्हें प्लेग कमिश्नर मि. रैण्ड और उनके साथियों ने उजाड़ दिया। घरों को खाली कराने के बहाने सरकारी कर्मचारी घरों में घुस जाते, सामान-असबाब उठाकर बाहर फेंक देते और बहुमूल्य सामान अपने कब्जे में कर लेते थे। वे लोगों को जबरन घसीटकर बाहर निकाल देते और महिलाओं तक को अपमानित करने से न चूकते। बहुत से घरों में वे इस बहाने से आग लगा देते थे कि इनमें प्लेग के कीटाणु बहुत अधिक मात्रा में हैं अत: उन्हें जला देना ही ठीक है।

पूना निवासी रैण्ड के अत्याचारों से हाहाकार करने लगे। लोकमान्य तिलक ने समाचार पत्रों में विद्रोही लेख लिखे। दामोदर चापेकर ने अत्याचार की जड़ को ही समाप्त कर देने का संकल्प किया। उनके संकल्प के सहयोगी थे उनके ही छोटे भाई बालकृष्ण चापेकर तथा उनके मित्र महादेव विनायक रानाडे भी इन तीनों ने मिस्टर रैण्ड की हत्या की योजना बना डाली और निश्चय किया कि महारानी विक्टोरिया की जुबली के दिन अर्थात 22 जून, 1897 को मिस्टर रैण्ड को उनके अत्याचारों का पुरस्कार दिया जाए। मिस्टर रैण्ड को एक पत्र लिख दिया गया कि महारानी विक्टोरिया की जुबली का दिन, तुम्हारे जीवन का अन्तिम दिन होगा। अंग्रेजी सत्ता के मद में मस्त मिस्टर रैण्ड भला इन कागजी चुनौतियों पर क्यों ध्यान देने लगे। उन्हें तो विश्वास था कि भारतवासी अंग्रेज को देखते ही कांपने लगते हैं, वे क्या खाकर! चुनौती सार्थक करेंगे?

22 जून, 1897 का दिन आ पहुंचा जब पूना में महारानी विक्टोरिया की हीरक जयन्ती धूमधाम से मनाई गई। चापेकर ने प्रातः उठकर भगवान की वन्दना की और प्रतिज्ञा की पूर्ति के लिए वर मांगा। उनके मन में वह गाथा कौंध रही थी जब अर्जुन ने सूर्यास्त से पूर्व ही जयद्रथ के वध की प्रतिज्ञा की थी। इनकी प्रतिज्ञा पूर्ति का अन्तिम क्षण था रात्रि के बारह बजे तक क्योंकि अंग्रेजी समय के अनुसार बारह बजे के पश्चात अगली तारीख लग जाती है। चापेकर बन्धुओं ने तीन मास पूर्व ही रैण्ड को अच्छी तरह पहचान लेने का अभ्यास प्रारम्भ कर दिया था। वे चाहते थे कि और कोई नहीं, रैण्ड ही मारा जाय क्योंकि तभी तो प्रतिज्ञा की पूर्ति हो सकेगी। दामोदर चापेकर कई बार, नौकरी मांगने के बहाने, रैण्ड के कोचवान से पूछताछ कर आये थे। मिस्टर रैण्ड के बंगले का सही पता पाने के लिए वे उस क्षेत्र के डाकिए से भी पूछताछ कर चुके थे। सबसे छोटे भाई वासुदेव ने बारीकी से मिस्टर रैण्ड की रुचियों और उसकी आदतों का अध्ययन किया था।

22 जून, 1897 के दिन क्रान्तिवीर सक्रिय हो गए। दोपहर को वे रैण्ड की खोज में गवर्नमेन्ट हाऊस पहुंचे पर वहां रैण्ड का पता न चल सका। वहां से लौटकर रैण्ड की खोज में ये सेन्ट मैरी चर्च पहुंचे और रैण्ड वहां उपस्थित भी था पर अत्याधिक भीड़-भाड़ होने के कारण उनकी घात न लग सकी। निराश होकर क्रान्तिवीर वहां से भी लौट आए।

क्रान्तिकारियों को मालूम था कि संध्या समय फिर गवर्नमेन्ट हाऊस में बड़ा जलसा होने वाला है, अतः वे संध्या होते ही वहां पहुंच गए। ठीक साढ़े सात बजे रैण्ड वहां पहुंचा पर उसकी बग्घी के आस-पास और भी बहुत बग्घियां थीं और इसीलिए क्रान्तिकारी अपनी योजना पूरी न कर सके। उन्हें चिन्ता होने लगी। वे सोचने लगे कि यहां से रैण्ड लौटेगा और बंगले में जाकर सो जाएगा। जब वहां से रैण्ड लौटे, तभी उसे मारने का आखिरी मौका हाथ लग सकता है, उसके बाद तो फिर हाथ मलना ही रह जायेगा।

सब लोगों ने अपने हथियार सम्हाल लिए। पिस्तौलें उन्होंने कमर में खोंस रखी थीं। तलवारें भी कमर से जंघाओं तक पगड़ी के टुकड़ों से बांध रखी थीं। तैयार होकर वे रैण्ड के लौटने की प्रतीक्षा करने लगे। समय बीतता जा रहा था और उनके दिलों की धड़कने तेज होती जा रही थी। हीरक जयन्ती के आमोद-प्रमोद रात्रि के साढ़े ग्यारह बजे तक चलते रहे।

क्रान्तिकारियों ने मोर्चाबन्दी ठीक कर रखी थी। गवर्नमेन्ट हाऊस के मुख्य फाटक पर दामोदर चापेकर डटे थे। उनसे कुछ आगे छोटा भाई बालकृष्ण था और उससे कुछ दूर रानाडे ने आसन जमाया था। योजना यह थी कि यदि एक के प्रहार से शिकार बचा तो दूसरा और फिर तीसरा व्यक्ति प्रहार करेगा और पिस्तौलों से काम नहीं चला तो तीनों व्यक्ति एक साथ तलवार लेकर टूट पड़ेंगे और अत्याचारी को समाप्त कर प्रतिज्ञा की पूर्ति करेंगे।

ठीक साढ़े ग्यारह बजे रात्रि को रैण्ड की बग्घी निकली। दामोदर चापेकर ने बग्घी का पीछा प्रारम्भ किया। वह चाह रहा था कि बग्घी भीड़-भाड़ वाले स्थान से दूर पहुंच जाए, तब वह निशाना साधे। रैण्ड की बग्घी से काफी दूर दूसरे अंग्रेज मिस्टर आयरिस्ट की बग्घी थी जिसमें आयरिस्ट दम्पत्ति विराजमान थे। दामोदर बग्घी के पीछे दबे पांव इस गति से दौड़ता जा रहा था कि उसके और बग्घी के बीच अधिक दूरी न हो जाय। ज्योंही रैण्ड की बग्घी जमशेटजी की पीली कोठी के पास पहुंची, बालकृष्ण चापेकर ने "नारया! रारया!" चिल्लाकर अपना गुप्त संकेत दे दिया। आवाज रैण्ड ने भी सुनी पर उसने समझा कि कोई गांवटी आवाज देकर अपने साथी को बुला रहा है। संकेत-ध्वनि सुनते ही दामोदर चापेकर लपक कर बग्घी के बिलकुल निकट पहुंच गया और बग्घी के पिछले पायदान पर खड़ा हो गया। बग्घी का पर्दा उसने ऊपर फेंका और बग्घी के अंदर हाथ डालकर बिलकुल निकट से रैण्ड पर पिस्तौल दाग दी। रैण्ड बग्घी में ही लुढ़क गया। रैण्ड की बग्घी के पीछे कुछ दूरी पर मिस्टर आयस्टि की बग्घी थी। मिस्टर आयरिस्ट तो शराब के नशे में झूम रहे थे पर मिसेस आयरिस्ट ने अपनी आंखों से एक तगड़े व्यक्ति को रैण्ड की बग्घी के पांवदान से उतरकर भगते देखा और वे मिस्टर आयरिस्ट को यह विवरण सुना ही रही थीं कि एक और धड़ाका हुआ और एक गोली मिस्टर आयरिस्ट को लगी और वे श्रीमती आयरिस्ट की गोद में लुढ़क गए। क्रान्तिकारी भाग चुके थे। बहुत खोज करने के बाद भी उनका पता न चल सका। मिस्टर आयरिस्ट तत्काल ही मर गए जब कि मिस्टर रैण्ड की मृत्यु 3 जुलाई, 1897 को हुई।

बड़ी सरगर्मी से क्रान्तिकारियों की खोज प्रारंभ हुई। दो महीने पश्चात दामोदर चापेकर पुलिस के हाथ लग गए। कुछ दिन पश्चात बालकृष्ण

चापेकर भी पकड़े गए। दोनों पर मुकदमा चला। दामोदर चापेकर को फांसी का दण्ड सुना दिया गया। फांसी की तिथि 18 अप्रैल, 1898 निश्चित की गई।

रात्रि को दामोदर चापेकर निश्चित रूप से गहरी नींद में सोए। प्रातः काल ही फांसी लगने वाली थी। प्रातः उठकर संध्या वंदन किया और फांसी के लिए तैयार हो गए। अन्तिम इच्छा की पूर्ति के रूप में उन्होंने लोकमान्य तिलक लिखित "गीता रहस्य" पुस्तक अपने हाथ में ले ली। फांसी का निश्चित समय आ पहुंचा पर न्यायाधीश महोदय निश्चित समय पर नहीं पहुंच सके। देशभक्ति का पुरस्कार प्राप्त करने के लिए दामोदर चापेकर व्यग्र हो रहे थे। विलम्ब होते देख उन्होंने अंग्रेजों की समय की पाबन्दी पर तीव्र व्यंग्य किया। न्यायाधीश महोदय आए, उन्होंने आदेश दिया और चेहरे पर मुस्कान तथा हाथ में गीता-रहस्य पुस्तक लिए हुए वीर दामोदर चापेकर फांसी के तख्ते पर जा खड़े हुए। जल्लाद ने फन्दा गले में डाला और नीचे से तख्ता खिसका दिया। दामोदर चापेकर का शरीर फन्दे पर झूल गया। मृत्यु के नाग फांस में जकड़े जाने पर भी उनके हाथ की पकड़ ढीली न हुई। गीता-रहस्य पुस्तक उनके हाथ से गिरी नहीं वह उतनी ही दृढ़ता से उनकी उंगलियों में कसी रही। और चिता पर भी उस पुस्तक ने उनका साथ दिया।

इस प्रकार 18 अप्रैल, सन् 1898 के दिन प्रातः 6.40 पर भारत का एक वीर भारत-माता की गोद से विदा हो गया।

बालकृष्ण चापेकर को भी फाँसी का दण्ड सुनाया गया। उन्हें 12 मई, 1899 को फाँसी दी जाने वाली थी।

सबसे छोटे भाई वासुदेव दामोदर का मन दु:खी हुआ। उसने सोचा कि मेरे दो भाई तो फाँसी का पुरस्कार पाने में सफल हुए फिर मैं अकेला क्यों वंचित रह जाऊँ। वह माँ के पास पहुँचा और बोला, "माँ! मेरे दोनों भाई तो भगवान को प्यारे हो गए, मैं भी अपना जीवन-प्रसूत भगवान को अर्पित करना चाहता हूँ।"

भला माँ इस बात का क्या उत्तर देती। उसने आँखों में आँसू भर कर अपने बेटे का मुख चूम लिया।

वासुदेव ने अपने भाईयों को पकड़वाने वाले द्रविड़ बन्धुओं से बदला लेने का संकल्प किया। एक साथी के पंजाबी लिबास में रात्रि के समय द्रविड़ बन्धुओं के घर पहुँचा और कहा कि जरूरी पूछताछ के लिए दरोगा जी ने आपको थाने में बुलाया है। द्रविड़ बन्धु उस समय ताश खेल रहे थे। उन्होंने कहा, तुम चलो हम आते हैं। वासुदेव मकान के पास ही एक कुँए की ओट में छिपकर बैठ गया। ज्योंही द्रविड़ बन्धु वहाँ पहुँचे, वासुदेव चापेकर ने गोलियाँ चला दीं और दोनों देशद्रोही वहीं ढेर हो गए। बीस हजार रुपए के पुरस्कार के प्रलोभन में उन्होंने यह कुकृत्य किया था। वासुदेव चापेकर ने उन्हें गोलियों का पुरस्कार दे दिया।

बहुत दिन तक कोई नहीं पकड़ा जा सका। अन्त में निरपराध व्यक्तियों को तंग होते देख वासुदेव चापेकर ने आत्मसमर्पण कर अपराध स्वीकार कर लिया। रानाडे पहले ही पकड़े जा चुके थे। दोनों पर मुकदमा चला और मृत्यु दण्ड सुना दिया गया।

8 मई, 1899 के प्रातः वासुदेव चापेकर को फाँसी के तख्ते की ओर ले जाया गया। मार्ग में वह कोठरी पड़ती थी जिसमें उसके बड़े भाई बन्द होकर फाँसी के दिन की प्रतीक्षा कर रहे थे। वासुदेव ने जोर से आवाज लगाई, "भैया अलविदा! मैं जा रहा हूँ।"

उस कोठरी से बालकृष्ण चापेकर ने भी आवाज लगाई, "अच्छा अलबिदा! मैं बहुत शीघ्र ही तुमसे आकर मिलूँगा।"

दोनों भाइयों का पुनर्मिलन हो ही गया। वासुदेव चापेकर को 8 मई तथा बालकृष्ण चापेकर को 12 मई, 1899 को फाँसी पर झुला दिया गया।

इस प्रकार भारत-माता की आजादी के लिए तीन चापेकर बन्धुओं ने हँसते-हँसते फाँसी के फन्दे चूम लिए। (1897)

बेटे! बहुत हौसले के साथ फाँसी के तख्ते पर चढ़ना

पंजाब-विश्वविद्यालय का दीक्षान्त समारोह 23 दिसम्बर, 1930 ई. को सम्पन्न हुआ। समारोह की अध्यक्षता की पंजाब के गवर्नर ज्योफ्रे डी मौंटमोरेन्सी ने। दीक्षान्त भाषण दिया सर्वपल्ली डॉक्टर राधाकृष्णन् ने। हरिकिशन सूट-बूट पहने बहुत पहले ही दीक्षान्त-भवन में पहुँच चुका था। वह अपने साथ एक डिक्शनरी ले गया था। इस डिक्शनरी का बीच का भाग काटकर उसने एक रिवॉल्वर उसमें छिपा लिया था। ज्योंही दीक्षान्त-समारोह समाप्त हुआ और विद्वानों का जुलूस सभा-भवन से बाहर जाने लगा, हरिकिशन एक कुर्सी पर खड़ा हो गया और उसने गवर्नर पर एक गोली दागी, जो उसकी बाँह को चीरती हुई निकल गई। उसने दूसरी गोली चलायी और वह भी गवर्नर की पीठ को छुती हुई निकल गई। उसने तीसरी गोली चलानी चाही पर गवर्नर को बचाने के लिए डॉ. राधाकृष्णन उसके सामने पहुँच गए। हरिकिशन ने गोली नहीं चलाई। वह सभा-भवन से भागकर पोर्च में पहुँच गया। पुलिस के लोगों ने उसका पीछा किया। पुलिस का दरोगा चानन सिंह हरिकिशन पर लपका। हरिकिशन ने उसे रुक जाने की चेतावनी दी, पर दरोगा रुका नहीं। विवश होकर हरिकिशन ने उस पर गोली चला दी और वह वहीं ढेर हो गया। एक अन्य पुलिस वाला हरिकिशन की तरफ बढ़ा तो हरिकिशन ने उस पर भी गोली चला दी। वह लेट कर बच गया। हरिकिशन की सभी गोलियाँ समाप्त हो गई। उसने अपने रिवॉल्वर को फिर से भर लेना चाहा, पर इसी बीच उस पर काबू पा लिया गया।

गिरफ्तार करके हरिकिशन को बहुत बुरी तरह से पीटा गया। ले जाकर उसे जेल में बन्द कर दिया गया। जेल में उसे बहुत यातनाएँ दी गई। सर्दी के दिनों में उसके कपड़े उतार कर बर्फ की सिल्ली पर लिटाया गया और एक सिल्ली ऊपर भी रख दी गई। बहुत देर तक उसे बर्फ की सिल्लियों में दबोच कर रखा गया। प्रतिदिन ही उसे नारकीय यातनाएँ दी जाती रहीं।

2 जनवरी, 1930 ई. को प्रारम्भिक जाँच हुई और 5 जनवरी को हरिकिशन को सेशन-सुपुर्द कर दिया गया। उसने अपने बयान में कहा,

"राष्ट्र की स्वाधीनता के लिए प्रयत्न करने वाले सहस्त्रों देशवासियों, स्त्रियों और बच्चों को जेलों में बन्द करके उन्हें पीटा और अपमानित किया गया है। इसी कारण मेरा विश्वास अहिंसा से उठकर सशस्त्र क्रान्ति पर जम गया। चर्चिल के भाषण से मेरा विश्वास और भी दृढ़ हो गया कि अँग्रेज लोग भारत को कभी मुक्त नहीं करेंगे। अत: मैं कुछ कार्य करने के लिए दृढ़ प्रतिज्ञ हो गया। मैं गवर्नर को कठोर दमन के लिए उत्तरदायी मानता हूँ। मैंने 95 रुपयों में रिवॉल्वर खरीदा और निश्चय किया कि दीक्षान्त-समारोह के दिन ही गवर्नर को दण्ड दिया जाय, क्योंकि उस दिन उसे दण्डित होता देखने के लिए विशिष्ट व्यक्तियों का समूह उपस्थित रहेगा।"

26 जनवरी, 1931 को लाहौर के सेशन जज द्वारा हरिकिशन को मृत्यु-दण्ड सुना दिया गया। हाईकोर्ट ने दण्ड को यथावत् रखा। जब जेल में उसकी दादी उससे भेंट करने गई तो उन्होंने कहा, "बेटे! बहुत हौसले के साथ फाँसी के तख्त पर चढ़ना।"

लाहौर जेल में फाँसी का फन्दा चूमने के लिए आतुर अपने ज्येष्ठ पुत्र हरिकिशन से भेंट करने जब उसके पिता गुरुदासमल पहुँचे तो उन्होंने अपने पुत्र से उसके स्वास्थ्य के विषय में कुछ नहीं पूछा। उन्होंने अपने पुत्र से यह भी नहीं पूछा कि जेल में तुमको क्या कष्ट है। उन्होंने पश्तो भाषा में सबसे पहला प्रश्न यह किया, "बेटे हरिकिशन! मैंने तुम्हें अच्छा निशानेबाज बना दिया था और तुम्हारा निशाना कभी चूकता नहीं था, फिर क्या कारण है कि तुमने गवर्नर पर दो गोलियाँ चलाई और तुम्हारी गोलियों से गवर्नर बच गया?"

हरिकिशन ने अपनी सफाई दी, "मैं तीसरी गोली भी गवर्नर पर चलाना चाहता था, पर डॉ. राधाकृष्णन गवर्नर को बचाने के लिए उनके सामने खड़े हो गए और इसलिए मैं अपनी तीसरी गोली नहीं चला सका।"

पिता ने कहा, "यदि तुम्हारी गोली ठीक लगती और गवर्नर की मृत्यु हो जाती तो मुझे अपने पुत्र पर बहुत गर्व होता।"

वाइसराय का जुलूस टॉय-टॉय फिस्स

23 दिसम्बर, 1912 को दिल्ली में बहुत शान-शौकत और धूमधाम के साथ भारत के वाइसराय लॉर्ड हार्डिंग महोदय की सवारी निकली। कलकत्ता के स्थान पर उन्होंने दिल्ली को भारत की राजधानी के रूप में चुना था, इसीलिये वहाँ वे इतनी धूमधाम के साथ प्रवेश करना चाहते थे। भारत वर्ष के सभी राजे-महराजे और राजकुमार आदि उस समारोह में सम्मिलित हुये थे और वे जुलुस की शोभा बढ़ा रहे थे। इस समारोह को देखने के लिए आस-पास के नगरों और गाँवों से लाखों लोग दिल्ली पहुँचे थे और सड़कों, मकानों की छतों और खिड़कियों और गवाक्षों में से अपार जन-समूह जुलूस को देख रहा था।

शाही जुलूस में सबसे आगे सुसज्जित सैनिकों का भव्य बैन्ड बजता चल रहा था। बैण्ड के पीछे बंदूकधारी पैदल सिपाहियों का दल और उसके पीछे सशस्त्र घुड़सवारों का दल था। घुड़सवारों के पीछे एक सजा हुआ विशालकाय हाथी चल रहा था, जिस पर वाइसराय महोदय हौदा पर आसीन थे। हाथी पर सबसे आगे महावत था जो हाथी को चला रहा था। महावत के पीछे वाइसराय के अंगरक्षक के रूप में कर्नल मैक्सवैल हौदा के बाहर बैठे थे। हौदा के अन्दर आगे वाइसराय महोदय की पत्नी आसीन थी और उसके पीछे स्वयं वाइसराय महोदय। हौदा के पीछे बलरामपुर का रहने वाला जमादार महावीर सिंह था जो वाइसराय पर छाता ताने हुए बैठा था।

ज्योंही यह जुलूस चाँदनी चौक के मध्य में घंटाघर से कुछ आगे, पंजाब नेशनल बैंक की इमारत के ठीक सामने पहुँचा तो अचानक ही चमक के साथ भयंकर विस्फोट की ध्वनि सुनाई दी। पास की इमारत के ऊपर से एक बम का प्रहार वाइसराय पर किया गया था और वह ध्वनि बम-विस्फोट की ही थी। जुलूस अचानक रुक गया और कुछ पल तो लोगों की समझ में ही नहीं आया कि क्या हुआ? पर जब जमादार को हाथी से नीचे लटकते

देखा गया तो लोगों को भान हुआ जैसे वह बम-प्रहार के कारण निर्जीव होकर लटक गया है। यह वाइसराय का सौभाग्य था कि बम उसके ऊपर नहीं गिरा। वह हौदे के बाहर जमादार के सामने गिरा था। हौदा का पिछला भाग बम-प्रहार के कारण उड़ गया और उसकी एक खपच्ची से वाइसराय की पीठ में चार इंच लम्बा घाव हो गया और उनके कंधे की हड्डी कुछ बहार निकल आई। छोटे-मोटे और कई घाव वाइसराय की पीठ में हुए। आगे के व्यक्ति,

अर्थात् श्री हार्डिंग सर की पत्नी कर्नल मैक्सवैल और महावत साफ बच गए पर भयंकर विस्फोट के कारण कुछ समय के लिए वे बहरे हो गए। वाइसराय ने अपने आप को सम्हालने का प्रयत्न किया, पर मूर्छित होकर वह भी हौदा के अन्दर लुढ़क गया। हाथी को रोक कर, वाइसराय को नीचे उतारा गया और पुलिस ने तत्परता से नाकाबन्दी प्रारम्भ कर दी। इस विस्फोट के कारण चीख-पुकार मच गई और अपनी सुरक्षा के लिए लोग इधर-उधर भागने लगे। मकानों की छतों पर से भी स्त्री-पुरुष उतर-उतर कर इधर-उधर भागने लगे।

वाइसराय पर बम का प्रहार किया था वसंत कुमार विश्वास ने। वसंत कुमार छरहरे बदन, छोटे कद और गोरे रंग का खूबसूरत नौजवान था जो एक लड़की के रूप में अलंकृत होकर पंजाब नेशनल बैंक की इमारत पर से अन्य महिलाओं के साथ जुलूस देख रहा था। वह महिलाओं की पंक्ति के पीछे बैठा था और इसी कारण उसे बम फेंकने में सुविधा हुई। बम सिगरेट के डब्बे के अन्दर बनाया गया था और छोटे आकार का होने के कारण उसे साड़ी के अन्दर छिपाने में वसंत कुमार को कोई असुविधा नहीं हुई। मकान के नीचे गली के पास से एक सेठ के लिबास में रासबिहारी बोस भी जुलूस देखने का अभिनय कर रहे थे। बम-विस्फोट के पश्चात महिला बेशधारी वसंत कुमार नीचे उतरे और अपने अभिभावक सेठ के साथ गली में विलीन हो गये।

यद्यपि रासबिहारी बोस वाइसराय को समाप्त करने के अपने उद्देश्य में सफल नहीं हुये पर बम-विस्फोट ने देश-विदेशों में तहलका मचा दिया। ब्रिटिश शासन को आतंकित करने और उसकी नीतियों में परिवर्तन लाने के उद्देश्य की दृष्टि से बम-विस्फोट अत्यन्त सफल रहा।

पुलिस का घेरा तोड़कर कूद पड़ा

सावरकर को इंग्लैंड में बम्बई के वारंट पर गिरफ्तार किया गया था। अतः बम्बई ले जाने के लिए उन्हें मोरिया नामक जहाज पर बिठाया गया। जहाज पर उनके साथ कई गोरे सिपाही भी थे, जो हथियारों से लैस थे।

सावरकर को बिदा करने के लिए अय्यर आदि उनके साथ बन्दरगार पर उपस्थित हुए। वे जानते थे कि बंबई में उन पर मुकदमा चलेगा और मुकदमें में या तो फाँसी की सजा मिलेगी या आजीवन काले पानी की सजा तो अवश्य मिलेगी।

अत: उन्होंने मन-ही-मन निश्चय किया चाहे जैसे भी हो, वे मार्ग में गोरों के पहरे से निकल भागेंगे।

फलत: सावरकर ने अय्यर से हिन्दी में कहा, उन्हें मार्सलीज बन्दरगाह पर पहले से ही पहुंच जाना चाहिए। क्योंकि उन्होंने मार्ग से ही मार्सलीज बन्दरगाह पर पहुंचने का निश्चय किया है।

यद्यपि सावरकर ने अय्यर से हिन्दी में बात की, पर फिर भी गोरे सिपाही शंकित हो उठे। वे कड़ाई के साथ सावरकर की निगरानी करने लगे। जहाज चल पड़ा। जहाज जब फ्रांस के बन्दरगाह मार्सलीज के पास से होकर आगे बढ़ने लगा, तो सावरकर ने गोरे सिपाहियों से कहा मुझे शौचालय में ले चलो।

गोरे सिपाही सावरकर को शौचालय में ले गये। सिपाही तो बाहर ही रह गये, पर वे शौचालय में घुस गये। उन्होंने भीतर से कुंडी चढ़ा ली। शौचालय के भीतर एक बड़ा सा शीशा रखा हुआ था जिससे भीतर की सारी चीजें बाहर दिखाई पड़ती थीं। सावरकर ने उस शीशे पर कपड़ा डाल दिया। शौचालय के भीतर ऊपर एक छोटा सा रोशनदान था। यद्यपि छेद बहुत छोटा था, पर कोई भी होशियार आदमी उससे बाहर निकल सकता था।

सावरकर उसी रोशनदान से बाहर निकलने का प्रयत्न करने लगे। दो-तीन बार के प्रयत्नों के पश्चात उन्हें सफलता मिल गयी। वे बाहर निकलकर समुद्र में कूद पड़े।

कूदने की आवाज से गोरे सिपाही चकित हो उठे। उन्होंने समुद्र में देखा, तो वीर सावरकर बड़े साहस के साथ तैरते हुए मार्सलीज बन्दरगाह की ओर बढ़े जा रहे थे। गोरे सिपाहियों ने शीघ्र ही नावें छोड़ दीं। सावरकर पर गोली भी चलाने लगे। सावरकर बड़ी वीरता के साथ डूबते-उतराते हुए अपने आप को बचाने लगे।

अधिक प्रयत्न करने पर भी गोरे सिपाही सावरकर को पकड़ नहीं सके। वे फ्रांस की धरती पर मार्सलीज बन्दरगाह में पहुँच गये। वे बन्दरगाह से निकलकर दौड़ते हुए किसी फ्रेंच पुलिस की खोज करने लगे।

गोरे सिपाही चोर-चोर का शोर मचाते हुए उनके पीछे दौड़ने लगे। आखिर एक साधारण पुलिस मैन मिल गया। उन्होंने उससे कहा– मैं चोर नहीं हूं, एक राजनीतिक बन्दी हूं। मुझे थाने में ले चलो। मैं इस समय फ्रांस में हूं। मुझे गोरे सिपाही यहां नहीं पकड़ सकते।

पर उस पुलिस मैन की समझ में सावरकर की बात नहीं आयी। उसने गोरे सिपाहियों से कुछ रुपये लेकर सावरकर को उसके सुपुर्द कर दिया। फलतः वे पुनः बन्दी बना लिये गये।

एक गोरे ने पहुंचकर सावरकर पर घूंसे से वार भी किया। उन्होंने घूंसे के जवाब में उसे ऐसा कसकर तमाचा लगाया कि, वह गश खाकर धरती पर गिर पड़ा। पर इससे यह तो हुआ ही कि, उनके हाथों में हथकड़ी डाल दी गयी। सावरकर को इस बात से बड़ा दुख हुआ कि उनके अय्यर आदि साथी समय पर बन्दरगाह पर नहीं पहुंच सके थे। अय्यर और मैडम कामा, आदि उस समय पहुंचे थे, जब यह घटना घट चुकी थी और सावरकर बन्दी बना लिये गये थे।

सावरकर को पुनः जहाज पर बिठाया गया। जहाज पर कड़ी निगरानी रखी जाने लगी। 7 जुलाई, 1911 ई. का दिन था। सावरकर ने बन्दी के रूप में अपनी मातृभूमि का दर्शन किया। हथियार-बन्द सिपाहियों ने शस्त्र की झंकार से उनका स्वागत किया। उन्हें एक बन्द गाड़ी में बिठाकर नासिक ले जाया गया और कारागार में बंद कर दिया गया। (1911)

डेढ़ सौ स्त्रियों की जौहर की विचित्र योजना

अँग्रेजी सेना की पराजय के समाचार सुन कर ब्रिगेडियर डगलस तथा जनरल लुगार्ड सेनाओं सहित अमर सिंह पर चढ़ दौड़े। अमर सिंह के पास बहुत छोटी-सी सेना थी। उसके मुकाबिले में अँग्रेजों के पास विशाल सेना थी। अमर सिंह ने अपनी सेना को और भी छोटी-छोटी टुकड़ियों में बाँट दिया और उन्हें इधर-उधर छिपा दिया। क्रान्तिकारी टुकड़ों में एक स्थान पर उपद्रव करती तो अँग्रेजी सेना उपद्रव को दबाने वहाँ पहुँचती उधर अँग्रेजी सेना द्वारा खाली किए गए स्थान पर क्रान्तिकारी सेना की दूसरी

टुकड़ी अधिकार जमा लेती थी। इस प्रकार अँग्रेजी सेना को बुरी तरह छकाया गया। सेनापति लुगाई परेशान और निराश होकर सेवा-मुक्त होकर इंग्लैण्ड चला गया।

अमर सिंह ने जब आरा पर आक्रमण करके जगदीशपुर छोड़ा तो अँग्रेजी सेना ने पूरी नाकेबन्दी कर ली कि वह दुबारा जगदीशपुर न पहुँच सके। अमर सिंह ने अँग्रेजी सेना को चकमा दिया। उसने अपने गुप्तचरों द्वारा यह अफवाह प्रसारित कर दी कि अमर सिंह आरा में प्रवेश कर गया है और उसने वहाँ अधिकार कर लिया है। इधर अँग्रेजी सेना आरा पहुँचने लगी और उधर अमर सिंह जगदीशपुर पहुँच गया।

अँग्रेजी सेना यह चकमा खाकर बुरी तरह बौखला गई। ब्रिगेडियर डगलस ने प्रतिज्ञा की कि वह कुछ ही समय में अमर सिंह को मार कर दिखाएगा। अमर सिंह को मारने वाले के लिए उसने बड़े-बड़े पुरस्कारों की घोषणा कर दी। इतना ही नहीं, वह सात हजार सैनिकों को साथ लिए जगदीशपुर की घेराबन्दी करने लगा। अपनी सेना को सात भागों में बाँटकर उसने जगदीशपुर की ओर बढ़ना प्रारम्भ कर दिया। जगह-जगह पर चौकियाँ बिठा दी गई। एक भी व्यक्ति जगदीशपुर के बाहर न जा सके। वह सोच रहा था कि उसने शेर को पिंजड़े के अन्दर बन्द कर दिया है और पिंजड़े के अन्दर ही वह उसका शिकार करेगा।

अमर सिंह ने जब यह सुना तो उसने भी बेदाग निकल जाने का संकल्प लिया। जिस समय अँग्रेजी सेना ने जगदीशपुर पर आक्रमण किया तो छह सेनाएँ तो छह तरफ से साथ बढ़ीं, पर सातवीं सेना को बढ़ने में कुछ विलम्ब हो गया वह शेष सेनाओं से एक प्रकार से कट गई। स्थिति का लाभ उठाकर अमर सिंह ने इसी पिछड़ी हुई सेना की तरफ से निकल जाने में सफलता प्राप्त की। ब्रिगेडियर डगलस हाथ मलता रह गया। उसका मान भंग हो चुका था।

अब फिर अँग्रेजी सेना ने और अधिक संगठित और सुसज्जित होकर बिखरे हुए क्रान्तिकारियों को घेर लिया। 19 अक्टूबर, 1858 को अँग्रेजी सेना ने क्रान्तिकारियों को पूरी तरह से घेर लिया। चार सौ में से तीन सौ क्रान्तिकारी लड़ते-लड़ते खेत रहे। शेष एक सौ क्रान्तिकारियों ने इधर-उधर बिखरकर अधिक से अधिक अँग्रेज सैनिकों को समाप्त करना प्रारम्भ कर दिया। हर क्रान्तिकारी शेर की तरह झपट-झपट कर शत्रु-सेना पर आक्रमण कर रहा था।

मरते-खपते केवल तीन क्रान्तिकारी ही शेष बचे। इन तीन में से अमर सिंह स्वयं एक था। ये तीन क्रान्तिकारी शत्रु-सेना पर झपटते हुए और उसे चीरते हुए साफ निकल गए। एक बार तो हाथी पर बैठे हुए अमर सिंह को पहचान कर शत्रु-सेना ने हाथी को चारों ओर से घेर कर बन्दी बना लिया, पर क्षण-भर का भी विलम्ब न करके अमर सिंह हाथी पर से कूदकर-पंक्तियों को

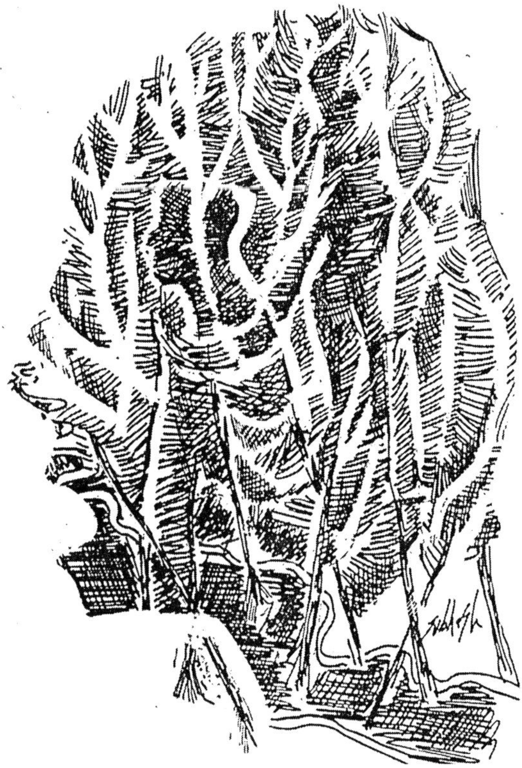

छकाता हुआ निकल गया। इन क्रान्तिकारियों ने हर पर्वत-उपत्यका में, हर जंगल में, एक-एक इंच भूमि पर शत्रु-सेना के साथ युद्ध किया, पर न तो कभी समर्पण ही किया और न पराजय स्वीकार की। उन्होंने वीरता, युद्ध-कला और स्वातंत्र्य-प्रेम का कीर्तिमान स्थापित करके दिखा दिया। अमर सिंह कहाँ गया और उसका अन्त कैसे हुआ, यह किसी को ज्ञात न हो सका।

जगदीशपुर के रनिवास की डेढ़ सौ स्त्रियों ने जौहर की विचित्र योजना क्रियान्वित की। वे स्वयं ही तोपों के सामने खड़ी होती गई और अपने हाथों से तोपों में पलीता लगाकर उन्हें दागती हुई गोलों की मार से चिन्दी-चिन्दी होकर बिखर गई।

शिकारी कुत्ते छोड़कर नुचवाया

वह आधुनिक भामाशाह था जिसके दिल में देश की आजादी के लिए तड़प थी और जो न केवल अरबों रुपयों की सम्पत्ति देश की आजादी के लिए न्यौछावर करने को तैयार था, अपितु उसके उर्वर मस्तिष्क में गुप्तचर विभाग और सैन्य संगठन की योजनाएँ भी थीं। उसका नाम था जगत्-सेठ रामजीदास गुड़वाला।

सेठ रामजीदास गुड़वाला का सम्मान भारत के अन्तिम मुगल सम्राट बहादुरशाह जफर के दरबार में बहुत अधिक था। उन्हें शासन की ओर से कई उपाधियाँ दी गयी थीं और दरबार में बैठने के लिए उन्हें विशेष आसन की व्यवस्था की जाती थी। उनके रहने के मकान में भी फौज की विशेष व्यवस्था होती थी; और दीवाली के समय सेठजी अपने घर पर एक जश्न मनाते थे जिसमें मुगल सम्राट स्वयं उपस्थित होते थे और सेठ साहब सम्राट को दो लाख अशर्फियों का नजराना भेंट करते थे।

उस समय सम्राट बहादुरशाह के दरबार में अधिकांश दरबारी स्वार्थी और अय्याश थे और वे स्वयं चाहते थे कि सल्तनत समाप्त हो और उन्हें बनने का मौका मिले।

सेठ रामजीदास ने कई बार करोड़ो रुपए बहादुरशाह जफर को इसलिए दिये कि वे एक संगठित फौज का निर्माण करके अँग्रेजों से लोहा लें और मातृभूमि को उनकी दासता से मुक्त करें। गुप्तचर विभाग का निर्माण तो सेठ साहब ने स्वयं किया था जो अँग्रेजों और पिट्ठू भारतीयों की गतिविधियों की खबरें लाकर देता था।

सन् 1857 की क्रान्ति की सफलता के लिए सेठ रामजीदास गुड़वाला ने दो बार करोड़ों रुपए सहयोग के रूप में और अरबों रुपए कर्ज के रूप में बहादुरशाह जफर को दिये। इसके अतिरिक्त फौज को रसद देने के लिए तो उनका भण्डार सदा खुला ही रहता था।

अँग्रेज अधिकारी भी सेठ रामजीदास के प्रभाव से परिचित थे और वे स्वयं सेठ साहब के पास पहुँचे थे पर सेठ साहब ने उन्हें किसी भी प्रकार की सहायता देने से इंकार कर दिया था।

अपनी सफलता के दौर में अँग्रेजों ने जो पहला काम किया वह यह कि उन्होंने दिल्ली में चाँदनी चौक में सरेआम शिकारी कुत्ते छोड़ कर सेठ रामजीदास गुड़वाला को उनसे नुचवाया और घायल अवस्था में ही चौक में उनको फाँसी पर लटका दिया।

फाँसी के पहले कसरत की

जेल में रहते हुए राजेन्द्रनाथ लाहिड़ी के दो शौक थे और वे थे व्यायाम करना और पुस्तकें पढ़ना। अखाड़े में ठाकुर रोशन सिंह के साथ उनकी कुश्ती हुआ करती थी। पुस्तकें पढ़ने का शौक तो वैसे ही कई लोगों को था, पर राजेन्द्र नाथ लाहिड़ी उन सभी से अधिक पढ़ते थे।

सन् 1927 की 6 अप्रैल को काकोरी-केस का फैसला सुनाया गया। किसको क्या सजा मिलने वाली है, सभी को इसका अनुमान था। सभी क्रान्तिकारियों का अनुमान था कि पण्डित राम प्रसाद बिस्मिल और राजेन्द्र नाथ लाहिड़ी को फाँसी की सजा मिलेगी। दण्ड का पूर्वाभास होने के कारण जब राजेन्द्र नाथ लाहिड़ी को फाँसी का दण्ड सुनाया गया तो उनके आत्मविश्वास में कोई परिवर्तन नहीं हुआ। उनके चेहरे पर वही मोहिनी मुस्कान थी जो हमेशा रहा करती थी। फैसले पर उनकी प्रतिक्रिया थी, "मेरी तो थोड़े दिनों की तकलीफ है, महीने दो महीने में खत्म हो जाएगी, पर मुझे उन लोगों की चिन्ता हो रही है, जिन्हें चौदह-चौदह और बीस-बीस साल जेल में सड़ना है।"

17 दिसम्बर, 1927 को राजेन्द्र नित्य-नियमानुसार उठा और उसने व्यायाम किया। वह प्रतिदिन पाँच सौ दण्ड और पाँच सौ बैठकें लगाता था। उस सुबह भी उसने इतनी ही बैठकें और दण्ड लगाए। उसने नहा-धोकर ईश्वर की प्रार्थना भी की। फिर वह खुशी-खुशी जेलर के साथ चल दिया। जेलर ने यह सब कुछ अँग्रेज जज को सुनाया अँग्रेज जज ने राजेन्द्र से प्रश्न किया-

"तुमने फाँसी के पूर्व ईश्वर की प्रार्थना की, यह बात समझ में आती है क्योंकि प्रार्थना वैसे भी की जाती है और अन्तिम समय तो अवश्य ही

की जाती है, पर एक बात मेरी समझ में नहीं आई कि तुमने फाँसी के पूर्व इतनी भारी कसरत क्यों की?"

राजेन्द्रनाथ लाहिड़ी ने बड़े भोलेपन से उत्तर दिया–

"जज साहब! व्यायाम करना मेरा नित्य-नियम रहा है। मैंने व्यायाम करने में कभी नागा नहीं की। फिर जीवन के आखिरी दिन मृत्यु के भय से मैं अपना नित्य-नियम क्यों छोड़ता? व्यायाम करने का एक दूसरा कारण भी है और वह यह कि हम हिन्दू लोग पुनर्जन्म के सिद्धान्त में विश्वास करते हैं। मैंने जीवन के आखिरी दिन भी व्यायाम इसीलिए किया कि मैं तगड़ा ही जाऊँ और जब मुझे दूसरा जन्म मिले तो मैं तगड़ा हो आऊँ जिससे ब्रिटिश साम्राज्य के विरुद्ध फिर युद्ध कर सकूँ।"

एक मरने वाले के मुँह से यह करारा उत्तर सुनकर अँग्रेज जज सहम कर रह गया।

फाँसी के तख्ते पर खड़े होकर राजेन्द्र ने 'भारत-माता की जय' और 'वन्देमारतम्' का घोष किया।

किसानों और संन्यासियों ने लड़ा था पहला स्वतंत्रता संग्राम

प्रथम संगठित किसान आंदोलन या संन्यासी विद्रोही का मुख्य केंद्र पटना था। जहाँ विद्रोहियों ने एक सेना गठित कर कंपनी की लगान वसूली को रोक दिया था। पटना के समीप कंपनी और विद्रोहियों की सेना में युद्ध हुए जिसमें विद्रोहियों ने कंपनी के हुसेपुर किले पर कब्जा कर लिया।

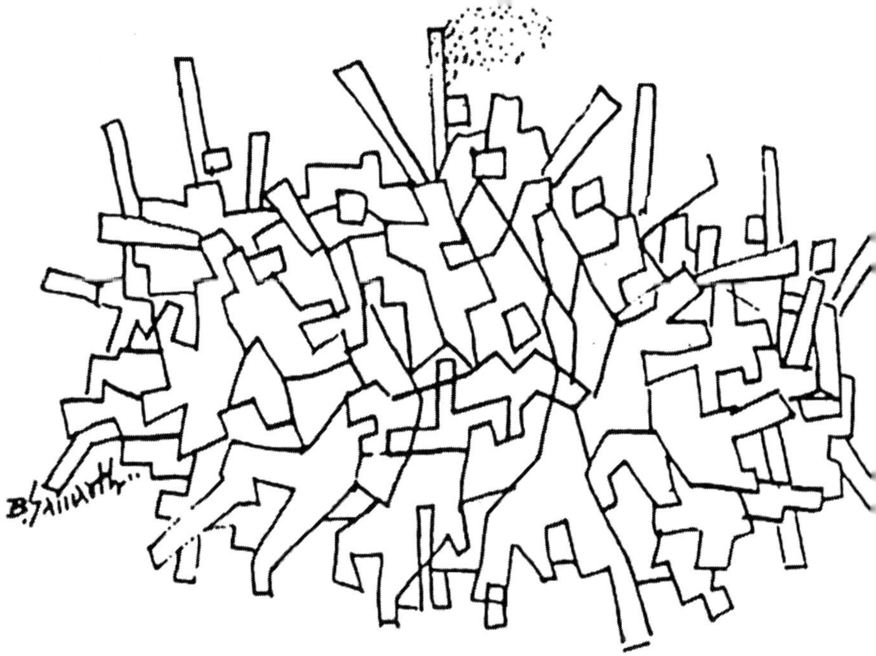

बाद में कंपनी ने विद्रोहियों को हराकर यह किला छीन लिया। तभी बंगाल में तराई के वन्य क्षेत्र में बड़ी संख्या में संन्यासी जमा हुए और उन्होंने अंग्रेजों के खिलाफ संघर्ष की शपथ ली। जलपाईगुड़ी जिले में इन संन्यासियों ने एक व्यवस्थित किला भी बना लिया। कैप्टन मैकेजी के नेतृत्व में अंग्रेज सेना इन विद्रोहियों का दमन करने गई लेकिन उसे दो बार भागना पड़ा। सन् 1770 के आस-पास मैकेजी ने स्थानीय लोगों से छल-बल करते हुए मदद ली और वह सेना सहित वन्य क्षेत्र में भीतर तक घुसने में सफल रहा। इस बार क्रांतिकारी विद्रोही अगले आक्रमण की तैयारी में उत्तर की ओर बढ़ गए, जिसे अंग्रेजों ने अपनी सफलता माना। तभी सर्दी के मौसम में अंग्रेज सेना पर भीषण आक्रमण हुआ और क्रांतिकारी रंगपुर तक आगे बढ़ते हुए अंग्रेजों को खदेड़ने में सफल हुए। इसी बीच नेपाल की सीमा के मोरंग अंचल मे अंग्रेजों पर हमला हुआ और लेफ्टिनेंट कीथ मारा गया। इस हमले से अंग्रेज फौज तितर-बितर हो गयी और उसके हिंदुस्तानी सैनिक क्रांतिकारियों से जा मिले।

सन् 1771 में विद्रोहियों की सेना ने अंग्रेज को नियंत्रित कर पूर्णिया जिले पर आक्रमण किया। दिनाजपुर में उन्होंने एक बड़ी सेना का गठन कर लिया और इस सेना को रंगपुर तथा मैमन सिंह के क्रांतिकारियों का

पूरा सहयोग मिला। फरवरी 1771 में ढ़ाका जिले में विद्रोहियों ने अंग्रेजों की कोठियां, दफ्तर और उनके समर्थक देशी जागीरदारों और व्यापारियों के घर लूट लिए। आगे बढ़कर कुछ संन्यासी नेता साधू और फकीरों के रूप में गांव-गांव में किसानों और परंपरागत कारीगरों के संगठन बनाने और जनता को कंपनी की गुलामी से संघर्ष की प्रेरणा देने निकल पड़े। मजनूशाह फकीर के नेतृत्व में पौंडवर्धन के पास लगभग ढाई हजार की संख्या वाली सेना ने अंग्रेज फौज से टक्कर ली। इसमें अंग्रेजों की विजय हुई, लेकिन लेफ्टिनेंट फेंटहाम मारा गया। पराजय के बाद मजनूशाह ने अपने साथियों सहित महास्थान के पुराने किले में शरण ली और फिर वह बिहार की ओर चल दिए। मजनूशाह ने जन-जाग्रति और सैनिक संघर्ष के लिए जनता को तैयार करना शुरू किया। नतीजा यह हुआ कि बगुड़ा जिले के सिलबेरी और कई गांवों में विद्रोहियों ने अंग्रेजों का जीना दूभर कर दिया। नूर नगर में कंपनी की कचहरी और व्यापार केंद्र की लूट हुई। इस सफलता से क्षेत्रीय किसान विद्रोहियों के साथ हो लिए और उन्होंने फकीरों संन्यासियों को भरपूर मदद देना शुरू किया। सन 1773 में रंगपुर संन्यासी विद्रोह का मुख्य केंद्र बन गया। अंग्रेज सेना नायक केप्टन टॉमस ने एक विशाल सेना लेकर रंगपुर पर हमला किया, लेकिन विद्रोही, शहर और जनता की हिफाजत के लिए शत्रु की सेना को दूर जंगल में भटकाने में सफल रहे। अंग्रेजों को लगा कि भयभीत संन्यासी भाग खड़े हुए हैं और उन्होंने बिना लड़े विजयश्री प्राप्त करने का जश्न मनाना शुरू कर दिया। जोश में आकर अंग्रेज सिपाहियों ने अपने पास जमा बम, बारूद और पटाखे के समान फोड़कर खुशी मनाई। तभी विद्रोहियों की सेना ने किसानों के साथ मिलकर अंग्रेज फौज पर हमला किया। तब अंग्रेजों के हिंदुस्तानी सैनिकों ने भी विद्रोह कर दिया और भारी मारकाट मचाई। अंग्रेज भाग खड़े हुए और जंगल में छिप गए। बाद में किसानों ने खोज-खोज कर उनकी हत्या की। इस संघर्ष में सेना नायक टॉमस मारा गया। लेकिन मार्च 1773 में अंग्रेज कैप्टन एडवर्डस को सेना सहित नष्ट करने की खुशी मनाते हुए संन्यासियों को अंग्रेज सैनिकों ने पकड़ लिया और बड़ी संख्या में उन्हें फांसी दी गई।

गवर्नर जनरल हेस्टिंग्स ने इस विद्रोह के दमन के लिए कड़े आदेश जारी किए। इन आदेशों में जनता को संन्यासियों और विद्रोहियों को पनाह

न देने और उसकी सूचना अंग्रेजों तक पहुँचाने के सख्त निर्देश शामिल थे साथ ही विद्रोहियों की मदद कर किसी भी प्रकार से मदद करने वालों को मृत्यु दंड तक की सजा देने की भयंकर चेतावनी भी दी गयी थी। इस कारण अंग्रेजों ने बड़ी संख्या में निर्दोष ग्रामीणों को विद्रोही होने या उनके मददगार बनने के संदेह में फांसी पर लटका दिया।

सन 1774-75 में मजनू शाह ने बिहार और बंगाल के क्रांतिकारी संन्यासियों को फिर से संगठित करने की कोशिश की। 15 नवंबर, 1776 को उत्तर में मजनू के नेतृत्व में संन्यासी क्रांतिकारी पड़ाव डाले हुए थे। अंग्रेज सेना चुपचाप उनके शिविर के पास पहुँच गयी। क्रांतिकारी पहले पीछे हटे और अंग्रेज सेना को जंगल की तरफ ले गए। फिर एकाएक पलटकर अंग्रेज सेना पर टूट पड़े। बहुत से अंग्रेज सैनिक मारे गए और सेनापति लेफ्टिनेंट राबर्टसन लड़ाई में अपाहिज हो गया। इस तरह मजनू शाह और उसके साथी बच निकले।

मजनू शाह ने कई साल तक बिहार और बंगाल में क्रांतिकारियों को संगठित करने की कोशिश की। सेना के संगठन के लिए जमींदारों से कर भी वसूल किया।

27 दिसंबर, 1786 को अंग्रेजों से एक युद्ध में मजनू शाह गंभीर रूप से घायल हो गए और एक-दो दिन बाद ही संन्यासी क्रांति के इस अग्रणी नेता ने अपने प्राण त्याग दिए।

यद्यपि मजनू शाह की मृत्यु के बाद इस आंदोलन ने अपनी धार खो दी। मजनू शाह के भाई मूसा शाह के नेतृत्व में यह चलता रहा, जिसमें मजनू शाह के दो अन्य शिष्य फेरागुल शहर और चिराग अली भी शामिल थे। कुछ समय बाद आपसी मनमुटाव और नेतृत्व के सवाल को लेकर फेरागुल शाह ने मूसा शाह की हत्या कर दी।

जून, 1877 से इस आंदोलन का नेतृत्व संन्यासियों के विख्यात नेता भवानी पाठक और देवी चौधरानी ने किया। छिटपुट विद्रोह चलता रहा। जल युद्ध में अंग्रेजों की विशाल सेना से घिरकर भवानी पाठक और उनके साथी मारे गए। देवी चौधरानी इसके बाद भी विद्रोह का नेतृत्व करती रही, पर उनके आखिरी परिणाम से इतिहास अंजान है।

वेश्याओं की टोली संगठित की

1857 के संग्राम का स्मरणीय नाम है कानपुर की नृत्यांगना अजीजन का। अब यह रहस्य अनावृत्त हो चला है कि तवायफों के एक बड़े वर्ग ने गदर के दिनों में स्वाधीनता की आग में अपना हविष्य दिया था। अंग्रेज इतिहासकार टी.आर. होम्स ने 1857 की बेचैन बगावत का सूत्रधार उन रूपाजीवाओं को माना है, जिनके कोठों पर आमोद-प्रमोद की आकांक्षा संजोये मेरठ के सिपाही दाखिल हुए थे और जिनको धिक्कारते उनके पौरुष को लगभग चुनौती देने के अंदाज में उन तवायफों ने उनको ललकारते हुए कहा था, 'तुम्हारे साथियों ने तो गुलामी के खिलाफ बगावत करते हथकड़ियाँ पहिन लीं, लेकिन तुम अय्याशी के नशे में चूर हो। उफ लानत है तुम पर। तुम्हें तो चूड़ियाँ पहिन लेनी चाहिए।

टी.आर. होम्स की मान्यता है कि 10 मई, 1857 को मेरठ के परी बाजार की इन्हीं रूपसियों के विद्रूप-कटाक्ष से क्षुब्ध सिपाहियों ने छावनी में वापिस लौटकर विप्लव के बारूद में विस्फोट कर दिया था। इन विद्रोह शिखाओं में अन्यतम थी-अजीजन।

सूबेदार टीका सिंह और शमसुद्दीन खाँ के घर गदर के दिनों में बागियों के पनाहगाह थे। कानपुर के इन्हीं दोनों मकानों में फिरंगियों के खिलाफ रणनीतियाँ बुनी जाती थीं। शमसुद्दीन खाँ पर अजीजन हजार जान से फिदा थी। लिहाज बागियों की मंत्रणाओं में उसकी भी भागीदारी थी। 22 मई, 1857 को नाना साहब पेशवा अपने तीन सौ अंगरक्षकों, दो हाथियों, तीन तोपों और हजारों सिपाहियों के साथ जब कानपुर में दाखिल हुए, तो सूबेदार टीका सिंह, ज्वाला प्रसाद और शमसुद्दीन खाँ ही उनके विश्वासपात्रों में थे। कानपुर के जिलाधिकारी हिलसरडन ने नाना साहब पेशवा को सरकारी खजाने की रक्षा की जिम्मेदारी दी थी। लेकिन, इस खजाने को प्राप्त कर, सैनिकों की एक बड़ी फौज बनाने का विचार नाना के मन में पनप रहा था। मकसद था, फिरंगियों का विनाश और देश की आजादी।

1 जून, 1857 को अंततः अजीमुल्ला, टीका सिंह, शमसुद्दीन और तात्या टोपे से परामर्श करने के बाद, बीच गंगा में नाव पर बैठे नाना साहब ने हाथ में गंगा जल उठाकर संकल्प लिया कि वे कानपुर में स्वतंत्रता संग्राम

की शुरुआत करेंगे। अजीजन को जब इस निश्चय की खबर लगी, तो उन्होंने मिठाई तो बँटवाई ही, नाना साहब के सामने यह भी प्रस्ताव रखा कि वे भी आजादी की लड़ाई का एक सिपाही बनेंगी।

4 जून, 1857 को टीका सिंह के नेतृत्व में जंगे-आजादी के आन्दोलन की शुरुआत हुई। हाथ में शमशीरें लिये जो घुड़सवार उस रात कानपुर की छावनी की तरफ बढ़ रहे थे, उनमें एक घोड़ा अजीजन का भी था। उसने क्रांति का परचम थाम रखा था। फौज के इस दस्ते ने टीका सिंह को सलामी दी और छावनी को रौंदते हुए उसने आनन-फानन में सरकारी खजाने को लूट लिया। कोषागार की चाबी तात्या टोपे के पास थी, बागियों को रुपए और हथियार बाँट दिए गए और फिर कानपुर में शुरू हुआ छापामार युद्ध, अंग्रेज इन बागी सिपाहियों के मुकाबले कमजोर पड़ते जा रहे थे, 7 जून, 1857 को कानपुर की गढ़ी पर जब क्रान्तिकारियों का कब्जा हुआ, अजीजन थके मांदे सिपाहियों को मिठाई और शरबत बाँट रही थी। उसकी कमर से लटकती कटार में दो अंग्रेजों का खून लगा हुआ था, जिन्हें उसने मुठभेड़ के दौरान ठिकाने लगाया।

ईस्ट इंडिया कंपनी के झंडे सरकारी इमारतों से उतार-उतारकर जलाये जाने लगे। नाना साहब पेशवा ने खुद को कानपुर का अधिपति घोषित कर दिया। तात्या टोपे सेनापति बने और टीका सिंह बनाए गए अश्वारोही दल के प्रमुख। शमसुद्दीन खाँ को मंत्री पद से नवाजा गया। अजीजन की जिन्दगी का वह सबसे ज्यादा चमकदार दौर था। कानपुर की सत्ता अब अप्रत्यक्ष रूप से उसके हाथों में थी। नाना साहब ने उसे अपना सलाहकार नियुक्त किया था।

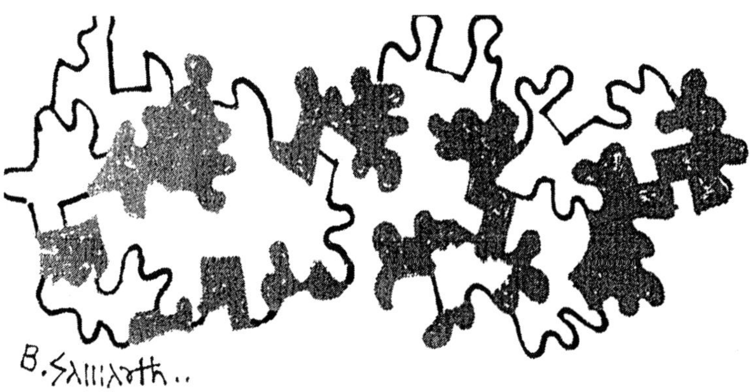

अजीजन अंग्रेज अफसरों को सम्मोहित कर सूचनाएँ एकत्र करती और तात्या को बताकर सजग करती। अपने जख्मों का उसने अंग्रेजों से बदला लिया। उसने 400 वेश्याओं की मस्तानी टोली संगठित की। सेवा, रसद और गोला बारूद पहुँचाने का काम किया। कई अंग्रेज अफसरों का सिर कलम भी किया।

चोट खाये फिरंगियों ने जनरल हैवलॉक की मदद से कानपुर पर धावा बोला। इस दफा अंग्रेज पूरी तैयारी से आये थे। कानपुर में खूनी संघर्ष हुआ। बागी टिक नहीं पाये...बड़ी संख्या में वे पकड़े गए और रास्ते के दोनों तरफ लगे दाख्तों पर लटकाकर उन्हें फांसी दे दी गई। तात्या टोपे और नाना साहब पेशवा पीछे हटकर रहस्य की धुंध में खो गए।

अजीजन को भी गिरफ्तार कर लिया। यौवन की आग से दमकते उसके रूप को देखकर अंग्रेजों ने उसके सामने प्रस्ताव रखा कि यदि वह अपनी करतूतों के लिए क्षमा मांग ले, तो उसे माफ किया जा सकता है। लेकिन खुद्दार अजीनन ने इस पेशकश को ठुकरा दिया। अंग्रेजों ने उसे फाँसी दे दी।

जब जलियाँवाला बाग में लाशों का ढेर हो गया

13 अप्रैल, सन् 1919 तदनुसार रविवार वैशाखी के पर्व पर अमृतसर का जलियांवाला बाग पवित्र पावन स्वर्ण मन्दिर के निकट सायं साढ़े चार बजे... सबसे आगे घुड़सवार पुलिस और उनके पीछे कार में बैठा जनरल डायर और पीछे तोप एवं बख्तरबन्द गाड़ियों के पश्चात मार्च करती हुई अंग्रेजी फौज! फौजी कवायद करते बूटों की सरसराहट। शस्त्रास्त्रों से सजी अंग्रेज फौजी पलटन। हाल्ट के आदेश पर बूटों को जोर से पटकने की निनाद।

अंग्रेजी फौज दो हिस्सों में बंट कर जलियांवाले बाग में घुसी और भीड़ के दोनों ओर मोर्चेबन्दी करके अपनी रायफलों में कारतूस भर लिये। यद्यपि उनके पास मशीनगनें भी थी किन्तु बाग का फाटक इतना छोटा

था कि उनको अन्दर ले जाना कठिन था। अत: मशीनगनों को फाटक के बाहर ही रखा गया, किन्तु उनमें भी कारतूस भर दिए गए थे। अन्दर एवं बाहर दोनों स्थानों पर पूरी तरह मोर्चेबन्दी पूरी कर ली गई।

सभा की भीड़ में कानाफूसी होने लगी कि फौज आ गई है, इधर भीड़ में फुसफुसाहट चल रही थी कि बिना किसी चेतावनी के जनरल डायर ने आदेश दिया कि गोली दागो।

आदेश मिलते ही अंग्रेजी फौज की बन्दूकों की नालियां भीड़ की ओर हो गई और एक क्षण पश्चात् ही थ्रीनाट-थ्री की राइफलें अन्धाधुन्ध गोलियां उगलने लगीं। बीस हजार नागरिकों की इस सभा पर यह आक्रमण अकारण एवं निर्ममतापूर्वक किया गया था। सैकड़ों व्यक्तियों को मौत के घाट उतार दिया गया, सैकड़ों घायल अवस्था में कराह रहे थे। जलियांवाले बाग की वह जमीन लहूलुहान हो गई। सैकड़ों व्यक्तियों ने छुपने एवं भागने की कोशिश की किन्तु उनको कहीं कोई मार्ग नहीं मिला, न छुपने को स्थान ही मिला सारा मैदान कर्णभेदी पुकार से भर गया। यह सबसे बड़ा और निर्मम अत्याचार गोरी सरकार द्वारा किया गया जो इतिहास के पृष्ठों पर सदा-सर्वदा अमर रहेगा। ऊपर आकाश में हवाई जहाज भी गड़गड़ा रहे थे, जो अंग्रेजी सत्ता की अमानुषिकता एवं पाशविकता के प्रतीक रूप में था।

जलियांवाले बाग का यह स्थान आठ एकड़ का था जो चारों ओर से ऊंची-ऊंची इमारतों से

आज

घिरा हुआ था। इनमें एक ही संकरा द्वार था जो आठ फुट चौड़ा था, जहां अंग्रेजी फौज का मोर्चा जमा हुआ था, निकल भागने का कोई भी मार्ग नहीं था। बाहर से गोरी फौज गोली दाग रही थी। अंग्रेजी फौज अबाध गति से गोली बरसा रही थी। हजारों नागरिक, बालक, वृद्ध, युवक एवं स्त्री-पुरुष इस बाग में घिर गये थे।

भीड़ को अशान्त देखकर वक्ता ने कहा, "आप सब लोग शान्तिपूर्वक बैठे रहें। हम निहत्थों पर अंग्रेज हथियार नहीं उठायेंगे।" अंग्रेजों ने फायर करना आरम्भ कर दिया, लेकिन वक्ता कह रहा था, ये हवाई फायर हैं। लेकिन लोग धराशायी होकर मौत के मुख में जा रहे थे, जलियांवाले बाग की जमीन रक्त-रंजित होने लगी। इससे बड़ा पाशविकता का और क्या उदाहरण मिल सकता है?

भीड़ में किसी को कुछ नहीं सूझ रहा था कि कैसे जान बचाई जाये। इस हमले के लिए उनसे तितर-बितर होने के लिए भी नहीं कहा था, बल्कि सीधा आक्रमण किया गया था। जनरल डायर का उद्देश्य तो नागरिकों को मार डालना था, इसलिए उसने चुपके-चुपके उस स्थल पर आना आवश्यक समझा था। किसी को सोचने एवं समझने का अवकाश नहीं था। जनरल डायर पर खून सवार था, इसलिए अन्य अधिकारियों के साथ बैठकर इस तरह की पूर्व नियोजित योजना के अनुरूप ही उसने जनता पर नहीं अपने शत्रु पर आक्रमण किया था।

जनरल डायर का आदेश था कि गोलियां हवा में नहीं जनता पर दागी जायें। फौजियों ने आदेशानुसार ही कार्य किया और अनेक व्यक्तियों को मौत के घाट उतार दिया गया। गोली-वर्षा मोतियों की बौछार की तरह हो रही थी वह अनेक शरीरों से पार होकर यमलोक पहुंचा रही थी। लोग बचाव के लिए जमीन पर लेट गये किन्तु वहां भी गोलियां लोगों को भेदती रहीं। जनता की भीड़ अब अन्य मार्ग खोजने लगीं, लेकिन यह मार्ग इतने संकरे थे कि इतनी बड़ी भीड़ को पार करने में कठिनाई थी। एक-आध आदमी बचकर निकल सकता था। लेकिन भीड़ ने निकलने में बाधा उपस्थित कर दी थी। जल्दी निकलकर बचने की सब को पड़ी हुई थी। जान सबको प्यारी होती है। इस प्यारी जान का सबको मोह था जो शीघ्र निकल सकता था वह बच भी सकता था। इस धक्का-मुक्की

में भागने वाले भी नहीं बच सके क्योंकि जनरल डायर ने जहां भीड़ थी, वहीं गोलियां दागने का आदेश दे दिया था। भीड़ के लोग धरती चूमने लगे। मतलब यह है कि मौत के घाट उतरने लगे और उन स्थानों पर मृतक शरीरों का अम्बार लग गया।

जनरल डायर ने आदेश दिया था कि सभा में आने वाला एक भी व्यक्ति जिन्दा घर न लौटे। इस गोली–काण्ड से मृतकों का ढेर लग गया। एक छोटी दीवार फांद कर लोग पार होने की कोशिश करने लगे। लेकिन डायर के इशारे पर वहां भी गोलियां दागी गयीं और लोगों को मौत के घाट उतारा गया। कुछ लोग दीवार फांदने में सफल भी हुए। कुछ भीड़ के पैरों तले दब कर कुचले गये। मृतकों के अम्बार पर लोग पैर रख कर दीवार फांदने लगे। कुछ कुचलकर, कुछ गोलियों से दोनों ही तरह लोग मौत के घाट उतरने लगे। दीवार के दोनों ही ओर मृतकों का ढेर लगने लगा। प्रति क्षण मरने वालों की संख्या में बढ़ोत्तरी होने लगी। इस बढ़ोत्तरी का यह हाल था कि बहुत से व्यक्तियों के मृतक शरीरों का पता भी नहीं चल सका। बाग में कुएं में कूदने वालों का ऐसा तांता लगा कि पहले कूदने वाले लोगों के पैरों तले कुचल कर मर गये। करुण क्रन्दन एवं चीत्कार से मैदान भर गया था। लोग मर रहे थे, कराह रहे थे। इन कराहों और चीत्कारों से वातावरण गूंज रहा था।

मोतीलाल कमेटी की रिपोर्ट के अनुसार मृतकों की संख्या का अनुमान 1500 आंका गया था, जबकि अंग्रेजों के कथनानुसार 450 आदमी 50 बच्चे मारे जा चुके थे और 1000 आदमी घायल हुए थे। गोली लगभग 15 मिनट तक चलने के बाद बन्द हुई थी। लगभग 2000 राउण्ड गोलियां चलाई गई थी। इसके बाद जनरल डायर ने सेना को वापिस मार्च करने का आदेश दिया। जनरल डायर को मृतकों के हटाने एवं घायलों को मेडिकल सहायता पहुंचाने की कोई परवाह नहीं थी। उसका कार्य यह नहीं था। कर्फ्यू लगा दिया गया था। मृतकों तक जाने के लिये उनके कुटुम्बियों या परिवार वालों को छूट नहीं थी। घायल व्यक्तियों को उनके संबंधी भी नहीं उठा सके थे। उफ! इतना अत्याचार।

सचमुच वह दुर्गा थी

द्वार खुल जाने से दुश्मन किले में प्रवेश पा गए जिससे 'दुर्गा दल' की कमांडर झलकारी रानी लक्ष्मीबाई की सुरक्षा के लिए चिंतित हो उठी। वह बाहर अंग्रेजों से लोहा ले रही थी तथा भीतर-ही-भीतर रानी की सुरक्षा का उपाय सोच रही थी। देश और कर्त्तव्य की खातिर गोलदांज पूरन बहादुर इस युद्ध में वीरगति को प्राप्त हुआ। झलकारी खबर पाते ही कुछ देर के लिए सन्न-सी रह गई थी। किन्तु उसने स्वयं को शीघ्र ही संभाल लिया। यह समय अपने प्रियतम के वियोग में आंसू बहाने का नहीं था, अपितु कर्त्तव्य-पालन का था। झलकारी का उत्तरदायित्व जैसे और अधिक बढ़ गया। वह कर्त्तव्य के सामने पति-वियोग को भूल गई थी। झलकारी जानती थी कि प्रियतम के लिए सच्ची श्रद्धांजलि यही है कि वह उसके सिद्धांतों का अनुकरण करे। यह समय रानी की मर्यादा को सुरक्षित रखने का था। दुश्मन किले में घुस गए थे और चारों ओर हाहाकार मचा हुआ था। झलकारी किसी तरह रानी के महल में पहुंची। पूरी सूचना देने के पश्चात उसने रानी को दत्तक पुत्र के साथ किले से बाहर निकालने की योजना बनाई। वह किसी सुरक्षित स्थान पर उन दोनों को पहुंचाना चाहती थी। रानी महल छोड़ने के हक में नहीं थी। जीते जी वह अपने कर्त्तव्य से विमुख नहीं होना चाहती थी। लेकिन झलकारी ने उन्हें समझाया कि झांसी के लिए जान देने वाले बहुत से वीर योद्धा लड़ रहें हैं। इस समय प्रश्न रानी को और महल को सुरक्षित रखने का है। उन जैसे वीर तो बहुत हो जाएंगे लेकिन झांसी की रानी का जीवित रहना बहुत आवश्यक है। यदि रानी अंग्रेजों के कब्जे में आ गई तो झांसी सदा के लिए उनकी बन जाएगी।

प्रश्न यह था कि रानी किले से बाहर कैसे जाए? किला चारों ओर से दुश्मनों से घिरा हुआ था। झलकारी ने रानी से कहा, "महारानी! अपने गले का नौलखा हार, मुकुट आदि सभी साज-श्रृंगार मुझे दे दीजिए, यहां तक कि अपने वस्त्र भी। रानी यह सुनकर कुछ हिचकिचाई लेकिन झलकारी ने उन्हें यह कहकर आश्वस्त किया कि झांसी को बचाने के लिए ऐसा करना जरूरी है। रानी को साधारण क्षत्राणी के वेष में किले से बाहर किसी सुरक्षित स्थान पर ले जाने की योजना बनाई गई। कड़ी सुरक्षा और पहरे में रानी को किले से बाहर निकाला गया। वह रानी को किले के द्वार से बाहर

विदा कर वापस आ गई। अब उसने स्वयं रानी का वेश धारण किया तथा दुश्मन के सम्मुख पहुंच कर उसे ललकारने लगी। झलकारी को यकीन था कि यदि नदी-नाले आड़े नहीं आए तो आठ-दस घंटों में रानी खतरे से बाहर निकल जाएगी। झलकारी अब रणचंडी बनकर दुश्मनों पर टूट पड़ी। घमासान लड़ाई हुई। धरती रक्त-रंजित हो गई। झलकारी के रण-कौशल के समक्ष अंग्रेजों के सारे अस्त्र-शस्त्र निरर्थक सिद्ध हो रहे थे। ह्यूरोज की सेना उल्टे पांव भागने लगी। स्त्री दल की कमांडर ने तबाही मचा रखी थी। अंग्रेजों के लिए वह रानी लक्ष्मी बाई थी। रानी की वेशभूषा झलकारी ने अंग्रेजों को धोखे में डालने के लिए धारण की थी। अंग्रेज पूरी मुस्तैदी से उसे घेरने की फिराक में थे क्योंकि वे उसे रानी लक्ष्मी बाई ही समझ रहे थे। ह्यूरोज घबरा गया। उसने अपने साथी और झांसी के देशद्रोही पीर अली और दूल्हा जू को बुला भेजा। वह मंत्रणा करना चाहता था कि इस मुसीबत से छुटकारा कैसे पाया जाए। वह धोखेबाजों से मिलकर रानी को पकड़ पाने की कोई तरकीब या कोई षड्यंत्र रचना चाहता था।

दूल्हा जू बरसों से रानी के खास लोगों में से था। वह रानी से भली-भांति परिचित था तथा रानी की आवाज और चाल-ढाल के बारे में धोखा नहीं खा सकता था। ध्यान से देखने के बाद उसने ह्यूरोज को बताया कि वह जिसे लक्ष्मी बाई समझ रहे हैं, वह लक्ष्मी बाई की नारी सेना अर्थात 'दुर्गा दल' की कमांडर झलकारी बाई है। झलकारी बाई को पहचानते ही अंग्रेज जैसे खोई हुई शक्ति पा गए। उन्होंने झलकारी को घेर कर गिरफ्तार कर लिया और रानी लक्ष्मी बाई की तलाश में दौड़ने लगे। झलकारी चिन्तित हो उठी। वह अपनी रानी को अंग्रेजों के हाथ में नहीं आने देना चाहती थी। लोभी देशद्रोही दूल्हा जू और पीर अली पर उसने बहुत रोष प्रकट किया। वह बोली, "तुम जैसे कायर कापुरुष लोगों द्वारा ही किसी देश की स्वाधीनता छिन जाती है। इतने पुराने सेवक तथा रानी का अपार स्नेह और धन पाने के बाद भी तुम्हें रानी के साथ धोखेबाजी करने में लाज नहीं आई? तुम्हारे द्वारा छले जाने की रानी ने कभी कल्पना भी न की थी। धिक्कार है तुम पर। कलंकित होकर जीने से तो अच्छा होता कि युद्ध में काम आ जाते। तुम कभी भी जीते जी मान-सम्मान के अधिकारी नहीं हो सकोगे। इतिहास काले अक्षरों में तुम्हारे इस घिनौने कृत्य को लिखेगा कि तुम ने एक स्वाभिमानी और उज्ज्वल मन की स्वामिनी रानी लक्ष्मी बाई को दुश्मन के हाथों में सौंप देने की कुचाल चली थी। तुम चुप ही रह जाते तो शायद इतिहास तुम्हें माफ कर देता। रानी को सुरक्षित रखने में मेरी योजना को असफल कर तुमने पाप कमाया। जीवन भर तुम इसका प्रायश्चित नहीं कर पाओगे। लानत है तुम पर! जिस थाली में खाते रहे, उसी में छेद कर दिया। वार रे बहादुरी! नपुंसक जन्म-जन्म के।"

खूब धिक्कारा झलकारी ने दोनों देशद्रोहियों को। लेकिन अब हो भी क्या सकता था। फिर वह अंग्रेजों की ओर मुड़ी और बोली, "अगर तुम सचमुच मर्द हो तो मेरी हथकड़ियां खोल दो। तुम में पुरुषों वाली मान-मर्यादा नहीं है। एक स्त्री को जकड़ा हुआ है। तुम अशस्त हो। तुम में दम नहीं कि भारत की नारी से लोहा ले सको। बनते हो बहुत बहादुर, प्रवीण और प्रशिक्षित सैनिक। बेगैरत हो तुम! केवल फूट डालकर राज करने चले हो। इतिहास क्या तुम्हें कभी बख्शेगा।"

झलकारी अंग्रेजी सेना के हाथ पड़ तो गई लेकिन वह उनके हाथों मरना नहीं चाहती थी। उसने सखी वीरबाला से अपने सीने में कटार उतार

देने को कहा। सखी वीरबाला हिचकिचाई, लेकिन झलकारी के आग्रह ने उसे मजबूर कर दिया। वीरबाला के हाथों अपनी जीवन लीला समाप्त कर वह सदा के लिए सो गई और शहीद का पद पाकर इतिहास में अमर हो गई। (1857)

बहरों को सुनाने के लिए जोरों से बोलना पड़ता है

दो बिल भारत सरकार के विचाराधीन थे। एक था 'पब्लिक-सेफ्टी-बिल'। इस बिल का बहाना लेकर सरकार एक ऐसा कानून बनाने जा रही थी, जिसके द्वारा किसी भी व्यक्ति को गिरफ्तार करके जेल में डाला जा सकता था। ऐसा ही दूसरा बिल था 'ट्रेड-डिस्प्यूट-बिल'। इस बिल के द्वारा सरकार श्रमिकों के हड़ताल करने के अधिकार को समाप्त करना चाहती थी। पार्टी की केन्द्रीय-समिति ने इन बिलों का विरोध करने का निर्णय लिया। यह निश्चित हुआ कि जिस दिन सरकार इन बिलों को वाइसराय के विशेषाधिकार से कानून में परिवर्तित करें, उस दिन पार्टी के दो सदस्य बम का विस्फोट कर पर्चों का वितरण करें और अपनी गिरफ्तारियाँ दें। दो साथियों को चुनने के लिए जिन नामों पर विचार हुआ, उनमें जयदेव कपूर का नाम भी था। अन्ततोगत्वा भगत सिंह और बटुकेश्वर दत्त का चयन इस काम के लिया किया गया।

इस कार्य को सम्पन्न करने के लिए सबसे महत्त्वपूर्ण भूमिका अदा की जयदेव कपूर ने। प्रतिदिन वे अनुमति-पत्रों का प्रबन्ध करके साथियों को असेम्बली भवन की दर्शक दीर्घाओं में ले जाते रहे और यह निश्चित करने में सहयोग दिया कि घटना वाले दिन साथी लोग किस स्थान पर उन बमों का संधान करेंगे। एक दिन जयदेव कपूर चन्द्रशेखर आजाद को भी असेम्बली की दर्शक-दीर्घा में ले गए और उन्हें पूरा मौका-मुआयना करा दिया।

जयदेव कपूर ने असेम्बली-भवन में अन्दर जाने के लिए अनुमति-पत्रों की बड़ी अच्छी व्यवस्था कर ली। उन्होंने स्वयं को दिल्ली-कॉलेज का

अर्थशास्त्र पढ़ने वाला छात्र घोषित किया, जिसका उद्देश्य था असेम्बली के पुस्तकालय का उपयोग करना। इस कार्य से वे एक कक्ष से दूसरे कक्ष तक कई बार आ-जा सकते थे। चौकसी दफ्तर के अधिकारी से परिचय हो जाने पर उन्हें अनुमति-पत्र प्राप्त कर लेने में कोई कठिनाई नहीं होती थी। कॉंग्रेसी सदस्यों से चिट्ठी लेकर भी पास बनवा लिए जाते थे। इस प्रकार जयदेव कपूर अपने कई साथियों को असेम्बली-भवन में निरीक्षण करा लाए।

8 अप्रैल, 1929 दिल्ली की असेम्बली की कार्यवाही चल रही थी। एकाएक सरकारी बेंचों के पास धमाका हुआ। यह बमों की आवाज थी। सारे हाल में धुआं फैल गया। कई बेंचें चूर-चूर हो गईं। जहाँ बम गिरे थे, वहां गहरा गड्ढा हो गया।

असेम्बली का दृश्य देखने लायक था। लोग 'बम! बम!' चिल्ला रहे थे। केन्द्रीय असेम्बली के अध्यक्ष, विट्ठलभाई पटेल की कुर्सी के पास जॉन साइमन बैठे थे। वह फौरन ही गायब हो गए। कई अंग्रेज कुर्सियों के नीचे छिप गए। कुछ गुसलखानों में जा छिपे। हाँ, कुछ सदस्य शांत भाव से अपनी सीटों पर बैठे रहे। इनमें पं. मोतीलाल नेहरू और पं. मदनमोहन मालवीय थे।

जब धुआं खत्म हो गया तो लोगों ने सभा-भवन के ऊपर बनी दर्शक दीर्घा में दो युवकों को देखा। वे अंग्रेजी पोशाक पहने हुए थे और अपनी जगह खड़े मुस्करा रहे थे। उन युवकों ने कुछ परचे नीचे फेंके। उन पर लिखा था-

"बहरों को सुनाने के लिए जोर से बोलना पड़ता है।"

ये युवक थे सरदार भगत सिंह और श्री बटुकेश्वर दत्त।

यदि वे चाहते तो आसानी से भाग निकलते। आधे घंटे तक तो खलबली मची रही। सब को अपनी जान की फिक्र थी। उनका पीछा कौन करता? जब स्थिति साधारण हुई, तब कहीं कुछ सार्जेन्ट उनके पास आए। दोनों साथियों के पास भरे हुए रिवाल्वर थे। उस समय भी वे लोग गोली चला कर भाग सकते थे। लेकिन उन्होंने ऐसा नहीं किया। भगत सिंह और बटुकेश्वर दत्त ने अपने रिवाल्वर निकाल कर फेंक दिए। तब कहीं पुलिस ने उन्हें गिरफ्तार किया। इसके बाद उन्होंने "इंकलाब जिन्दाबाद" और "साम्राज्यवाद का नाश हो" के नारे जोर-जोर से लगाए।

नेताजी सुभाषचन्द्र बोस, नजरबंदी से निकलने में सफल

(स्वतंत्रता सेनानी डॉ. ईशरदास तलवाड़ क्रांतिवीर हरिकिशन तलवाड़ एवं देशभक्त श्री भगतराम तलवाड़ के भाई थे। इन दोनों का नाम राष्ट्रीय आंदोलन के इतिहास में बड़े ही सम्मान से लिया जाता है। श्री भगतराम ने नेताजी को पेशावर से काबुल तक पहुँचाया तथा काबुल से बर्लिन तक भेजने का पूरा बंदोबस्त किया था, इसका सही-सही विवरण है।)

16 व 17 जनवरी, 1941 की मध्य रात्रि में जबकि उनकी पुलिस द्वारा निगरानी रखी जाती थी फिर भी वह कार द्वारा घर से निकले। कार को उसका भतीजा डॉ. शिशिर बोस चलाकर धनबाद तक ले गया जहां उनका एक भतीजा माइनिंग इंजीनियर था। दिन उसके घर पर बिताया, शाम को गोमो रेलवे स्टेशन पर उनको दिल्ली जाने वाली गाड़ी में बैठाया दिल्ली से फ्रन्टियर मेल में बैठकर वे 19 जनवरी, 1941 की शाम को पेशावर पहुँचे। उन्होंने सिर पर फौजी कैप रखी थी, लंबा कोट और खुला पाजामा और फीते वाले बूट पहने हुए थे। जहां फारवर्ड ब्लाक के जनरल सेक्रेटरी मिया अकबरशाह और अन्य साथी उपस्थित थे। रात को उन्हें एक होटल में ठहराया गया। दूसरे दिन उनको एक मकान में ले जाकर रखा गया। उनके लिए जो वेश-भूषा अफगानिस्तान में लोग पहनते हैं, वह सिलवाई गई। 22 जनवरी, 1941 को प्रातः साढ़े छः बजे मेरा भाई भगतराम तलवाड़ उनको कार में बिठाकर जम्बरोद रोड की खजूरी मैदान ले गया जहां पर एक मिलिट्री कैम्प था। वहां से एक फर्लांग पहले वह कार से उतरे और एक पगडंडी से होते हुए वह कबाइली इलाका की तरफ रवाना हुए। नजदीक ही एक जियारत थी जहां आम लोग जाया करते हैं वह भी वहां गये। वहां से वह आगे चल दिये और दोपहर होने से पहले वह अंग्रेजी इलाका से निकल करके कबाइली इलाका में दाखिल हो गये। नेताजी चूंकि ज्यादा सफर नहीं कर सकते थे, इसलिए थक गये और मेरे भाई से कहा कि जरा सुस्ता लें तो वहां थोड़ा आराम किया और खाना जो अपने साथ लेकर गये थे वह भी खाया। मेरे भाई ने उनको यह खुशखबरी सुनाई कि "अब जल्दी करने की जरूरत नहीं है, क्योंकि अब हम अंग्रेजी

इलाका की सीमा पार कर चुके हैं। यह सुनकर नेताजी बहुत प्रसन्न हुए और थोड़ा सुस्ताने के बाद वह रवाना हो गये। रात्रि को वह एक छोटे से गांव में पहुँचे और वहां पर एक हुजरे में उन्होंने रात बिताई। नेताजी का नाम "मोहम्मद जिआउद्दीन" रखा गया था और मेरे भाई का नाम "रहमत खाँ" रखा गया था। नेताजी वहां की भाषा नहीं जानते थे इसलिए उनके मुंह पर और कानों पर कपड़ा बंधा रहता था और कोई पूछता तो उसको बता देते थे कि यह गूंगा है और बहरा है। इसको अड्डा शरीफ जियारत ले जाने के लिए मन्नत मानी है ताकि यह ठीक हो जाये। मेरा भाई किसी के पूछने से कह देता था कि यह मेरा चाचा है।

दूसरे दिन उन्होंने किराये की खच्चर ले करके नेताजी को उस पर बिठाकर आगे प्रस्थान कर गये। शाम को एक और गांव में उन्होंने रात बिताई और अगले दिन और खच्चर किराए पर लेकर आगे बढ़े। चूंकि वह पहाड़ी इलाका था। खच्चर कई बार पत्थर के साथ ठोकर खाता था तो इससे नेताजी कई बार खच्चर से गिरे और उनको चोटें आईं। इनको किसी ने बताया था कि जलालाबाद और काबुल किसी बस में या कार में या लारी में और ट्रक में बैठकर नहीं जाना है क्योंकि इन वाहनों में सफर करने वालों की कड़ी पूछताछ होती है, इसलिए वह जलालाबाद से दो-तीन मील इधर ट्रक से उतर कर पैदल जा रहे थे। मेरा भाई थोड़ा आगे था। जब उसने पीछे देखा तो नेताजी नाच रहे थे। मेरे भाई ने उनको नाचते देखा तो पूछा नेताजी आप किस खुशी में नाच रहे हैं तो नेताजी ने जवाब दिया कि इन सुंदर पहाडियों को देखकर मैं खुश हो रहा हूँ इसलिए नाच रहा हूँ। मेरे भाई ने उनसे कहा कि यह पहाड़ियां तो बंजर हैं इन पर न कोई पेड़ है न हरियाली है, इनमें क्या सुंदरता है। नेताजी ने जवाब दिया कि इनकी सबसे बड़ी सुंदरता यह है कि ये आजाद मुल्क की पहाड़ियां है, इससे इस बात का ज्ञान होता है कि वह आजादी के कितने दीवाने थे। जलालाबाद पहुंचकर वह ट्रक में बैठे और काबुल की तरफ रवाना हुए। रास्ते में बारिश और बर्फ पड़ने से वह सर्दी से ठिठुर रहे थे लेकिन फिर भी आजादी के दीवाने इससे ज्यादा मुसीबतें आने पर भी नहीं घबराते। काबुल से तीन चार मील पहले वह ट्रक से उतर गये और तांगे में बैठकर वह बिना किसी पुलिस की पूछताछ के वह दिन के 11 बजे काबुल पहुँचे और वहां पर एक सराय में ठहरे। वहां की सराय बड़ी गंदी होती है, वहां पर ऊंट तथा अन्य जानवर भी बाहर से सामान लेकर आते हैं और वहीं

ठहरते हैं, और हर तरह की गंदगी पड़ी रहती है। नेताजी इतने ऊँचे घराने के सदस्य होते हुए भी ऐसी गंदी जगह में देश की आजादी की ख्वाहिश अपने दिल में लिए हुए खुशीपूर्वक वहां रहे और होटल का खाना खाते रहे। सराय में रहते हुए एक पुलिस वाला इनको नया आदमी समझकर इनसे हर रोज आ करके चाय पानी के लिए पैसे ले जाया करता था क्योंकि मेरे भाई साहब, तो सारा दिन वहां दूतावासों में चक्कर लगाते थे कि किसी न किसी तरीके से उनको रूस या जर्मनी इत्यादि में भिजवाया जा सके। एक दिन वह पुलिस वाला जब आया तो उन्होंने नेताजी के हाथ में वह घड़ी बंधी हुई देखी जो उनको उनके पिताजी ने दी थी तो उसने कह दिया कि यह घड़ी मेरे को दे दो नहीं तो आपको पकड़वा दूंगा। नेताजी ने वह घड़ी उतार कर उसको दे दी। जब मेरा भाई आया और उसको इस बात का पता लगा तो उन्होंने यह उचित समझा कि सबसे पहले नेताजी को ऐसी जगह रखा जाये ताकि किसी को इनका पता न लगे। जगह की तलाश में वह निकले तो एक बाजार में से वह गुजर रहे थे जिसको बाजार बर-लबे-दरया कहते हैं तो उनकी नजर एक क्राकरी की दुकान पर पड़ी। उसके मालिक को उन्होंने देखकर उसको पहचान लिया। उसका नाम उत्तमचंद मल्होत्रा था जोकि 1930-31 के आंदोलन में मेरे भाई के साथ पेशावर सेन्ट्रल जेल में कैद था। मेरा भाई दुकान के अंदर गया तो उत्तमचंद ने मेरे भाई को पहचाना नहीं, उत्तमचंद ने उसे पूछा कि आपको क्या चाहिए, तो मेरे भाई ने जवाब दिया कि आपके साथ दो बात करनी है और वह भी अकेले में। उसके दुकान पर जो नौकर था, उसे किसी काम के लिए भेज दिया। उसके जाने के बाद मेरे भाई ने उसे पूछा कि तुम मुझे पहचानते नहीं तो उसने कहा कि नहीं। मेरे भाई ने उसको याद दिलाया कि तुम 1930 और 31 में पेशावर सेन्ट्रल जेल में सत्याग्रह के सिलसिले में कैद थे तो उसने कहा "हाँ" तुम्हारे साथ भगतराम तलवाड़ नाम का कोई आदमी भी कैद था तो उसने कहा "हाँ" और कहा अब मैं तुम्हें पहचान गया हूँ तथा फिर मेरे भाई को गले लगा लिया और पूछा कि आप किस संबंध में यहाँ (काबूल) आये हैं। मेरे भाई ने उससे पूछा कि तुम्हारे दिल में हिंदुस्तान की आजादी के लिए अब भी लगन है तो उसने कहा क्यों नहीं। जरूर है, तो मेरे भाई ने उससे कहा कि अगर कोई काम मेरे हवाले दिया जाए तो कहा जरूर करूंगा। तब फिर मेरे भाई ने सारी कहानी उसे सुनाई और उसे कहा कि इस वक्त नेताजी काबुल में हैं

और सराय में है और होटल की रोटी खाकर उनका पेट खराब हो गया है, क्या आप उनको अपने घर में रख सकेंगे तो उसने कहा जरूर रखूंगा, तो नेताजी को उत्तमचंद मल्होत्रा के घर पर ले गये और उसकी धर्म पत्नी रामोदेवी ने नेताजी की दो महीने तक बड़ी सेवा की। इस अवधि में मेरा भाई वहां के राजदूतों के साथ संपर्क करता रहा। वह चाहते थे कि सुभाष चंद्र बोस को रूस भिजवाया जाये लेकिन चूंकि जर्मनी ने रूस पर हमला किया था और रूस, अमेरिका, फ्रांस और अंग्रेजों के साथ मिल करके एलाइड फोर्सेज के रूप में जर्मनी के विरुद्ध लड़ रहा था इस कारण से सुभाष चंद्र बोस रूस आने-जाने से, इसलिए कतराते थे कि अंग्रेज नाराज न हो जायें इसलिए मेरा भाई जर्मन और इटली के राजदूतों से मिला और परामर्श करने के बाद नेताजी के लिए सिसिली के एक आदमी "आर्लण्डो-माजोटा" के नाम से उनका पासपोर्ट बनाया गया और 18 मार्च, 1941 को मास्को के रास्ते से वे बर्लिन पहुँचे। वहां पर उन्होंने आजाद हिन्द फौज बनाई जिसमें उन लोगों को भर्ती किया गया जिन्हें जर्मनी और इटली ने जंगी कैदी बनाये थे। नेताजी ने हिन्दुस्तान को आजाद कराने के लिए कई योजनाएं बनाई लेकिन चूंकि जर्मनी और हिंदुस्तान के बीच में कई ऐसे मुल्क हैं, जो आजाद हैं और वह आजाद हिन्द फौज को हिंदुस्तान की तरफ आने की अनुमति न देते। इसलिए जापान ने जर्मनी से कहा कि नेताजी को जापान भेज दो क्योंकि जापान से हिंदुस्तान पर चढ़ाई करके अंग्रेजों से हिंदुस्तान को आजाद कराना आसान है तो जर्मनी ने यह बात मान ली और नेताजी को "कील-की-बंदरगाह" पर एक डुबकनी किश्ती में बिठाकर "बे ऑफ बिस्के" जिब्राल्टर और अफ्रीका के पश्चिमी तट जहां एतिहादी मुल्कों की डुबकनी किश्तीयां गश्त करती थी और किसी समय भी पता लगने पर इनकी डुबकनी किश्ती को तारपीडो कर सकती थी, ऐसे बड़े भारी खतरे में से वह निकले और "मेडगास्कर" पहुंचे जहां पर जापान की डुबकनी किश्ती तैयार खड़ी थी। उसमें बैठकर वह 13 जून, 1943 को जापान की राजधानी टोक्यो पहुंचे जहां से नेताजी ने 19 जून, 1943 को भारतवर्ष के लोगों के नाम रेडियों पर संदेश दिया कि मैं जापान पहुँच गया हूँ और मैं हिंदुस्तान को आजाद करने के लिये बहुत जल्दी चढ़ाई करूंगा।

यातनायें उन्हें डिगा नहीं सकी

अंग्रेज सरकार के कानों पर जूँ रेंगने लगी। अनशनकारियों को अनशन किए दस दिन हो चुके थे। शासन को चिन्ता हुई कि यदि कोई अनशनकारी मर गया तो फजीहत होगी। ऐसा किया जाये कि ये मरें भी नहीं और जीवित कहलाने के योग्य भी न रहे। इनके पेट में बलपूर्वक यदि कुछ दूध पहुँचा दिया जाये तो इनकी जिन्दगी बढ़ती जाएगी और ये जिन्दा-मुर्दे की तरह अपनी जगह पर पड़े रहेंगे।

योजना तय हो गई। डॉक्टरों का एक दल बुलवा लिया गया। डॉक्टरों के इस दल का नेता बनाया गया पागलों के अस्पताल का एक डॉक्टर जो स्वभाव से चिड़चिड़ा और क्रोधी था। पागलों के व्यवहार का असर उस पर भी हुआ था और उसका व्यवहार भी कुछ उसी प्रकार का हो गया था। वह बलात्पान विशेषज्ञ कहलाता था।

डॉक्टरों का दल अनशनकारियों को बलात्पान कराने के लिए बढ़ चला। इस दल के साथ दस-बारह मुस्तण्डे थे, जो उदण्ड कैदियों की मरम्मत के लिए ही पाले जाते थे। वे लोग भी कत्ल या किसी अन्य भयंकर जुर्म में सजायाफ्ता थे। मार-पीट के ऐवज में उन्हें खुराक ज्यादा दे दी जाया करती थी। उनमें से अधिकांश लोग सरहदी पठान थे जो शरीर से काफी लहीम-शहीम थे।

डॉक्टरों और मुस्तण्डों का दल जिस कोठरी के सामने पहुंचा उसमें सुखदेव बंद थे। ताला खोला गया। सुखदेव को काबू में करने के लिए मुस्तण्डे लोग उसकी तरफ बढ़े। सुखदेव तैयार था। जिस प्रकार कबड्डी खेली जाती है, उस मुद्रा में वह झुका और अपना सर एक मुस्तण्डे की टाँगों में फँसाकर, उसे ऊपर उठाकर पटक दिया। उसने दूसरे मुस्तण्डे को कूलते का झटका देकर गिराया और तीसरे की टाँग खींचकर गिरा दिया। जब वह प्रधान डॉक्टर की तरफ लपका तो वह मुस्तण्डों के पीछे छिप गया। कई मुस्तण्डे एक साथ उस पर टूट पड़े और उसे जमीन पर पटक दिया। जमीन पर गिरते ही सुखदेव ने जमीन पकड़ ली, अर्थात्, वह पेट के बल जमीन पर चिपक गया और सीधा नहीं हो रहा था। संख्या में मुस्तण्डे काफी थे। पहले तो उद्दण्डता के उपलक्ष में उन लोगों ने उसको कसकर

घूँसे मारे और फिर उसे सीधा कर दिया। दो-दो आदमी उसके हाथों को दबाकर बैठ गए और दो-दो आदमियों ने उसके पैरों को दबोचा। एक मुस्तण्डा उसके सीने पर बैठ गया। एक अन्य ने उसके सर को अपनी जाँघों के बीच दबा लिया। पागलों का डॉक्टर अपनी नली लेकर सुखदेव की तरफ बढ़ा और नली मुँह में खुसेड़कर हलक के नीचे उतार दी और नली के दूसरे सिरे पर कीप लगाकर दूध उँडेलना प्रारम्भ कर दिया। लगभग एक सेर दूध नली के सहारे सुखदेव के पेट में उतार दिया।

डॉक्टरों और मुस्तण्डों के दल को संघर्ष जयदेव कपूर के साथ भी करना पड़ा। जयदेव का शरीर भी कसरत से कमाया गया था। काफी संघर्ष के बाद उसे जमीन पर गिराया जा सका। जब जयदेव को गिराकर मुंह में नली डालने का यत्न किया गया तो उसने अपनी दन्ती बाँध ली और मुँह नहीं खोला, जब मुँह में नली डालने की सफलता नहीं मिली तो डॉक्टर ने उसकी नाक के एक नकुये में नली घुसेड़कर उसे हलक के नीचे उतार दिया। फिर दूसरे सिरे पर लगी कीप के सहारे दूध पेट में उतार दिया गया।

मुस्तण्डों के दल की कुश्तमकुश्ता शिव वर्मा और अजय घोष के साथ भी हुई लेकिन अन्ततोगत्वा उन पर भी काबू पा लिया गया। उनके

मुँह में भी नली डालने में डॉक्टरों को सफलता नहीं मिली तो नाक के सहारे नली डाली गई। दोनों ही नाकों के नथुनों के छिद्र तंग थे, अतः जब डॉक्टर ने बलपूर्वक नली घुसेड़ी तो नथुने जख्मी हो गए।

अब डॉक्टरों और मुस्तण्डों का दल यतीन्द्रनाथ दास की कोठरी में था। यतीन्द्र पहले तेईस दिन की भूख-हड़ताल कलकत्ता में कर चुका था और बलात्पान का प्रतिरोध करने के हथकण्डे उसे मालूम थे। कुश्तमकुश्ता के बाद जब मुस्तण्डों ने उसे जमीन पर गिराकर दबोच लिया तो उसने अपना मुँह बन्द कर लिया। डॉक्टर ने उसकी छाती पर बैठकर उसकी नाक में नली घुसेड़ दी। ज्योंही नली यतीन्द्र के हलक के पास पहुँची, उसने जोर से खाँसा और हवा के दबाव से नली उसके मुँह में पहुँच गई। नली का सिरा यतीन्द्रनाथ दास ने अपने दाँतों में दबा लिया। डॉक्टर ने कीप के सहारे दूध उँडेलना प्रारम्भ किया। दूध नली में गया लेकिन नली भर जाने के कारण दूध बाहर आया और डॉक्टर के कपड़े दूध से भीग गए। डॉक्टर हैरान था कि नली का एक सिरा पेट में पहुँच चुका है, पर दूध नीचे उतरने के बजाय बाहर क्यों आ रहा है? चूँकि कीप में से गिरे दूध के कारण उसके कपड़े गीले हो गए थे इसलिए वह यतीन्द्र के सीने पर से उठ गया। नली खींचता हुआ यह कहता चला गया,

"कल देख लूँगा, तुम कैसे दूध नहीं पीते।"

इस कथन के उत्तर में यतीन्द्र मुस्करा भर दिया।

वह यतीन्द्रनाथ दास के अनशन का चौवनवां दिन था। उनकी हालत ज्यादा बिगड़ने लगी। उन्हें उलटियाँ आ रही थीं। बेहोशी के दौरे भी उन्हें पड़ने लगे थे। जब बेहोशी दूर होती तो आँखें खोलकर अपने आस-पास खड़े हुये साथियों को देखने लगते। उनके चेहरे पर न कोई शिकायत होती और न कोई शिकवा। एक विचित्र संतोष का भाव उनके चेहरे पर दीप्त रहता। वह भाव पूर्वक कह उठता, "अनशन के पूर्व ही मैंने कहा था–विजय या मृत्यु। मेरी मृत्यु ही मेरी विजय होगी। मुझे गर्व है कि सर्वशक्तिमान ब्रिटिश गवर्नमेन्ट भी मुझे पराजित नहीं कर सकी।"

13 सितम्बर, 1929 को यतीन्द्रनाथ दास को हिचकियाँ आने लगी और सब कुछ शांत हो गया। (1929)

लोग उसे भगवान मानते थे

बिरसा मुंडा। स्वतंत्रता संग्राम के अमर शहीद बिरसा मुंडा का जन्म 15 नवम्बर, 1875 को छोटा नागपुर में रांची से 45 किलोमीटर दूर उलिहातु नामक गांव में हुआ। उनके पिता एक गरीब खेतीहर मजदूर थे। परिवार बड़ा था इसलिए घर में हमेशा आर्थिक संकट बना रहता था। गांव में स्कूल नहीं था। बिरसा भेड़ बकरियां चराने के लिए अपने नौनिहाल अयुमातु में रहते थे। इस गांव में दो वर्ष तक रहने के बाद पास के एक गांव आमूगनू की एक छोटी-सी पाठशाला में उनकी शिक्षा का प्रारम्भ हुआ। लोअर प्राइमरी की परीक्षा देने के लिए उन्हें जर्मन मिशन की पाठशाला में जाना पड़ा। जर्मन मिशन स्कूल में पढ़ने के लिए ईसाई धर्म स्वीकार करना अनिवार्य था। इसके लिए उनके पिता ने विवश हो कर परिवार सहित चाईबासा जा कर ईसाई बनना स्वीकार कर लिया। ईसाई धर्म स्वीकार करने के बाद उनके पिता का नाम बदल कर मसीह दास और बिरसा का बिरसा डेविड कर दिया गया। ठीक से उच्चारण न कर पाने के कारण साथी उन्हें दाउद कह कर पुकारने लगे। यहां के वातावरण ने बिरसा के मन में गोरों के प्रति घृणा का भाव भर दिया। वह जर्मन मिशन की सदस्यता त्याग कर चाईबासा स्थित बनगां चले गए जहां वह एक वैष्णव भक्त और जमींदार के मुंशी आनंद पांडे के सम्पर्क में आये। आनंद पांडे के सानिध्य में बिरसा मुंडा ने रामायण, महाभारत और गीता जैसे धार्मिक ग्रंथों का अध्ययन किया और उनमें भारतीय दर्शन और संस्कृति के रहस्यों को गहराई से जानने की इच्छा प्रबल होने लगी। बिरसा एकांत में जा कर कठोर साधना करते हुए सत्य की खोज में लग गए। उन्होंने महात्मा का बाना धारण कर लिया। तप करने के बाद बिरसा ने हिन्दू धर्म और भारतीय संस्कृति का प्रचार करना प्रारम्भ कर दिया। धर्म परिवर्तित करने वाले वनवासियों को उन्होंने समझाना शुरू किया कि यह विदेशी धर्म हमारा अपना धर्म नहीं है। उन्होंने कहा कि ईसाई धर्म स्वीकार करने से हम अपने धर्म और विरासत से विमुख होते जा रहे हैं। बिरसा ने उन्हें अपने अधिकारों से लड़ने के लिए प्रेरित किया। गौ हत्या का विरोध किया और लोगों को नित्य तुलसी की पूजा करने की शिक्षा दी। बिरसा के विचारों से प्रभावित हो कर अनेक

आदिवासी उनके अनुयायी बनने लगे। अब एक महात्मा और समाज सुधारक के रूप में बिरसा प्रसिद्ध होने लगे। लोग उन्हें भगवान का दर्जा देने लगे।

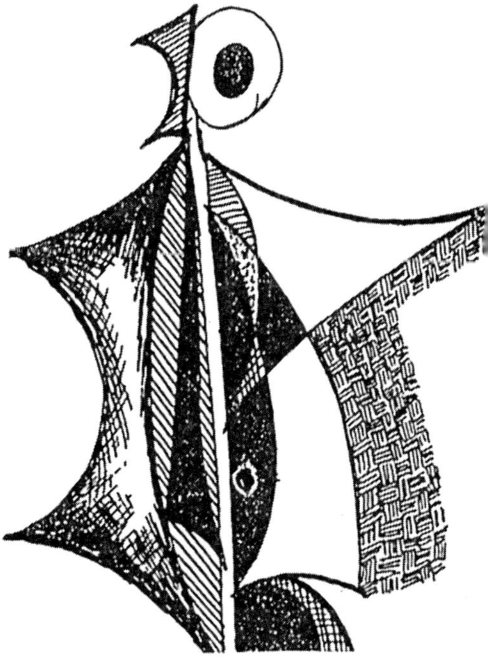

इस बीच अंग्रेजों ने धीरे-धीरे वनवासियों के वनों से जुड़े हुए अधिकारों का अतिक्रमण करना प्रारंभ कर दिया। बड़े जमींदारों ने किसी न किसी बहाने से जंगलों पर अधिपत्य करना शुरू कर दिया। स्थानीय अधिकारी और ठेकेदार वनवासियों के साथ गुलामों-सा व्यवहार करने लगे। हर वह व्यक्ति वनवासियों का शोषण कर रहा था जिसका थोड़ा-सा भी बस चलता था। इन सब शोषकों की सरकार सहायता करती थी। शहरी जमींदारों ने अब गांवों और जंगलों में घुसना शुरू कर दिया था। बलात उनकी भूमि हड़पी जाने लगीं थी। नए-नए कर वसूलने के विभाग और कोर्ट-कचहरी बनाये गये।

अब वनवासी पर और अधिक अत्याचार होने लगे। इन अत्याचारों के विरोध में बिरसा ने सिरगदा और चाईबासा के किसानों को संगठित करके उनके विरोध में एक याचिका दायर की परन्तु शासकों ने उसकी ओर कोई ध्यान नहीं दिया। बिरसा द्वारा बनाये गये संगठन की बढ़ती गतिविधियों से ईसाई मिशनरी और सरकारी अधिकारी चिन्तित हो उठे। उन पर प्रतिबंध लगाने के लिए उन्हें गिरफ्तार कर लिया गया। उनकी गिरफ्तारी से पूरे इलाके में असंतोष की लहर फैल गई। सरकार ने इस असंतोष को कुचलने के लिए कई लोगों पर राजद्रोह का मुकदमा चलाया और बिरसा मुंडा को दो वर्ष कैद की सजा सुना कर हजारी बाग जेल भेज दिया गया। सजा काटने की अवधि में बिरसा ने मन ही मन इस विदेशी सरकार को उखाड़ फेंकने का संकल्प किया। जेल से बाहर आने के बाद बिरसा ने अपनी गतिविधियों में बढ़ोतरी की और वनवासियों को संगठित करके अब सशस्त्र क्रान्ति की तैयारियां प्रारम्भ कर दीं। इस क्रान्ति को उनगुलान क्रांति का नाम दिया।

1899 में बिरसा के वीरों ने रांची से चाईबासा तक की पुलिस चौकियों को घेर लिया और अंग्रेजों पर तीरों और कुल्हाड़ियों से हमला बोल दिया। इसका सामना करने के लिए हजारी बाग और कलकत्ता से सेना बुला ली गई। वनवासियों ने जान की बाजी लगा कर अंग्रेजी सेना का सामना किया परन्तु उनके आधुनिक हथियारों के सामने वनवासियों के तीर कमान नहीं टिक सके। इस लड़ाई में लगभग चार सौ वनवासी मारे गए और लगभग इतने ही हिरासत में ले लिए गए। बिरसा को पकड़ने का प्रयास असफल ही रहा। आज भी महान देशभक्त बिरसा मुंडा को झारखंड, उड़ीसा, मध्य प्रदेश और बिहार के मुंड जनजाति के लोग भगवान के रूप में स्मरण करते हैं। (1875)

सरकारी खजाना लूट लिया

राम प्रसाद बिस्मिल के अनुरोध पर 'दि-हिन्दुस्तान-प्रजातंत्र संघ' की कार्यकारिणी की बैठक 7 अगस्त, 1925 को शाहजहाँपुर में ही आयोजित की गई। मीटिंग में बिस्मिल के अतिरिक्त राजेन्द्रनाथ लाहिड़ी, शचीन्द्रनाथ बख्शी, मन्मथनाथ गुप्त, मुकुन्दीलाल गुप्त, बनवारीलाल, चन्द्रशेखर आजाद, मुरारीलाल, केशव चक्रवर्ती और अशफाक-उल्ला खाँ सम्मिलित हुए। मीटिंग में रामप्रसाद बिस्मिल ने अपनी उस रेल-यात्रा के अनुभव सुनाए जब उन्होंने सरकारी खजाने को ले जाते हुए देखा था। उनका प्रस्ताव था, "अपने पिछले अनुभवों से हम देख चुके हैं कि धन प्राप्त करने के लिए डाके डालने से हमें उपलब्धि तो कुछ खास होती नहीं है, उलटे हम डाकुओं की श्रेणी में रखे जाते हैं और अपने ही भाइयों के खून से हमें अपने हाथ रँगने पड़ते हैं। इसलिए मेरा प्रस्ताव है कि हम सरकारी खजाने पर ही हाथ साफ करें और यह काम कोई बहुत मुश्किल नहीं है।"

आजाद ने इस प्रस्ताव का समर्थन करते हुए कहा, "मैं पण्डित जी के इस विचार का अनुमोदन करता हूँ। हम लोग जिस सरकार से भिड़ने की तैयारी में लगे हुए हैं, उसी के साथ अब हमारा सीधा टकराव होना

चाहिए। आखिर उस सरकार को भी तो मालूम हो कि हिन्दुस्तान की धरती से क्रान्तिकारी लोग निःशेष नहीं हो गए हैं।"

ट्रेन-डकैती की तिथि 9 अगस्त, 1925 निश्चित की गई और दो दिन के अन्दर तैयारियाँ पूरी कर ली गई। रेलवे टाइम-टेबिल देखकर गाड़ी के समय का ज्ञान कर लिया गया कि वह किस स्टेशन पर कब पहुँचेगी। यह निश्चय किया गया कि सहारनपुर-लखनऊ गाड़ी के लखनऊ पहुँचते ही सरकारी खजाना लूटा जाय, जिससे अधिक से अधिक धनराशि हाथ आ सके।

सहारनपुर-लखनऊ पैसेंजर-ट्रेन जब शाहजहाँपुर स्टेशन पर आकर रुकी तो वे सातों क्रान्तिकारी उस ट्रेन के तीसरे दर्जे के पृथक-पृथक डिब्बों में इस प्रकार बैठ गए कि आवश्यकता पड़ने पर वे खिड़कियों में से ट्रेन के दोनों ओर झाँक सकें। सभी लोगों को अभियान के नेता राम प्रसाद बिस्मिल का यह आदेश था कि वे लोग यथासम्भव खिड़कियों के पास बैठें और बाहर झाँकते रहें और लोगों से बातचीत करने में न उलझें। ऐसा इसलिए किया गया था जिससे वे शिनाख्तगी या पहचान से बच सकें।

गाड़ी की जंजीर खींच दी। जंजीर खिंचने के कुछ क्षण पश्चात् गाड़ी रुक गई और दूसरे दर्जे के तीन यात्री झट से डिब्बे के नीचे कूद पड़े। अन्य सात क्रान्तिकारी भी अपने-अपने डिब्बों से नीचे कूद पड़े। ट्रेन का गार्ड भी फुर्ती से नीचे उतरा और वह दूसरे दर्जे के डिब्बे की ओर बढ़ा, जहाँ जंजीर खींची गई थी। एक क्रांतिकारी ने फट उसके सीने पर पिस्तौल रख दी और कहा कि अगर आप अपनी जान की खैर चाहते हैं तो यहीं औंधे लेट जाइए और उठने की कोशिश मत कीजिए, नहीं तो गोली मार दी जाएगी। गार्ड ने आदेश का अक्षरशः पालन किया और वहीं घास में औंधा लेट गया। दूसरे क्रांतिकारी ट्रेन के दोनों ओर अच्छी स्थिति लेकर घास में छिप कर हुए गोलियाँ चलाने लगे। वे लोगों को चेतावनी देते जा रहे थे, "यात्रियों से निवेदन है कि आप लोग खिड़कियाँ बन्द करके अपने-अपने स्थान पर बैठे रहें। अगर किसी ने नीचे उतरने की कोशिश की तो उसे गोली मार दी जाएगी।"

यात्रियों ने तत्परता से गाड़ी की खिड़कियाँ बन्द कर लीं। गाड़ी के ड्राइवर को भी आदेश दिया गया कि वह इंजिन से नीचे उतर कर घास में लेट जाए। उस अँग्रेज ड्राइवर ने भी तत्परता से आदेश का पालन किया।

गार्ड भी अँग्रेज था वह भी लेटा हुआ था। बिस्मिल और अशफाक ने खजाने वाला सन्दूक धकेलकर डिब्बे से नीचे गिराया और वे छैनी हथौड़े से उसे तोड़ने का प्रयत्न करने लगे। यत्न में सफलता न मिलते देख अशफाक उल्ला खाँ कुल्हाड़ा लेकर सन्दूक पर पिल पड़े। अशफाक अच्छे डील-डौल वाले और शक्तिशाली व्यक्ति थे। उन्होंने जब पूरी ताकत से सन्दूक पर प्रहार किए तो उसका मुँह इतना बड़ा हो गया कि हाथ डालकर उसके अन्दर रखे सील बन्द थैले निकाल लिए गये। सभी थैले एक पोटली में बांध लिए गये। जिस समय सन्दूक तोड़ा जा रहा था, उस समय दोनों ओर नियुक्त रक्षक क्रान्तिकारी हर पाँच मिनिट के अन्तराल से पाँच फायर कर दिया करते थे। मुसाफिरों को ऐसा आभास हो रहा था जैसे सौ-पचास डाकुओं ने गाड़ी को घेर रखा है और वे निरन्तर गोली वर्षा कर रहे हैं।"

लगभग बीस-पच्चीस मिनिट में ही क्रान्तिकारियों ने अपना काम पूरा कर लिया और वे वहाँ से खिसक लिए। चले जाने के बहुत देर बाद तक गार्ड साहब अपनी जगह पर लेटे रहे। कुछ यात्रियों ने लूटने वाले दल को वापिस जाते हुए देख लिया था। उन्होंने नीचे उतरकर गार्ड साहब से उठने के लिए कहा। यात्रियों को अच्छी तरह पहचान कर ही गार्ड साहब अपने स्थान से उठे और इंजिन की ओर ड्राइवर से यह कहने के लिए गये कि खतरा टल चुका है और गाड़ी चलाई जाय। गाड़ी चले तो कैसे? ड्राइवर साहब का कहीं कोई पता नहीं। बड़ी खोज के पश्चात् घास में औंधे मुँह लेटे हुए ड्राइवर साहब मिले। उन्हें भी उठाया गया। एक अँग्रेज इंजीनियर साहब को दम-दिलासा देकर संडास के अन्दर से निकाला गया। फौज के दो अफसर बेंचों के नीचे लेटे पाए गए। उस पूरी गाड़ी में चौदह लोगों के पास बन्दूकें थीं, पर केवल दस क्रान्तिकारी अपनी योजना के अनुसार सभी लोगों को आतंकित करके गाड़ी में रखा हुआ खजाना लूट ले गए।

घटना-स्थल से कुछ दूर जाने के पश्चात क्रान्तिकारियों ने सीलबन्द थैलियाँ खोल कर उनमें से सभी नोट निकाल लिए और खाली थैलियाँ एक नाले में फेंक दी। इस लूट से क्रान्तिकारियों के हाथ आठ हजार छह सौ रुपये हाथ लगे। यह राशि अपने साथ लेकर क्रान्तिकारी लोग लखनऊ पहुँच गये। उन्होंने सबसे पहले जो काम किया वह यह कि लूटे गये रुपये खजाने में जमा करा के उनके बदले नए नोट ले लिए। यह इसलिए किया गया क्योंकि सरकार लूटे गये नोटों के नम्बर घोषित कर देती तो वे सभी

नोट बेकार हो जाते और उन नम्बरों के आधार पर वे लोग पकड़े भी जा सकते थे। कुछ नोट खराब होने के कारण बदले नहीं जा सके थे। उन्हीं में से दो-एक नोट शाहजहाँपुर में पाए गए। इन नोटों के नम्बर घोषित हो चुके थे इस कारण सरकार को यह पता चल गया कि इस लूट में शाहजहाँपुर के लोग सम्मिलित हैं। शाहजहांपुर में रामप्रसाद बिस्मिल तो पहले भी इस प्रकार की गतिविधियों में भाग लेने के कारण जाहिर हो चुके थे, अतः अब पुलिस उन पर निगरानी रखने लगी।

काकोरी-ट्रेन-डकैती-काण्ड से सरकारी और गैर-सरकारी, दोनों ही क्षेत्रों में सनसनी फैल गई। यह सरकार के लिए बहुत बड़ी चुनौती थी। अपनी पूरी शक्ति के साथ पुलिस अपराधियों की खोज में लग गई। सभी प्रान्तों में खुफिया पुलिस सतर्क कर दी गई।

ट्रेन-डकैती द्वारा प्राप्त धन से क्रान्तिकारियों का अच्छा काम चल निकला। कई केन्द्रों पर कर्ज चढ़ गया था, वह चुका दिया गया। जिन केन्द्रों पर धनाभाव के कारण कार्यकर्त्ता लोग भूखे मर रहे थे, वहाँ धन भेज दिया गया। प्रचार कार्य के लिए धन अलग रख दिया गया और हथियारों की खरीद के लिए भी धन सुरक्षित रख दिया गया। दल के ही एक सदस्य जो ट्रेन डकैती में सम्मिलित हुए थे, वे जर्मनी जाकर हथियारों का सौदा कर आए थे और वे हथियार भारत पहुँचने ही वाले थे। इन हथियारों की खेप छुड़ाने के लिए धन सुरक्षित कर दिया गया। कुछ समय पश्चात् पैसा देकर ये हथियार प्राप्त भी कर लिए गए।

काकोरी-ट्रेन-डकैती के पश्चात ही पुलिस एकदम सक्रिय हो गई। आखिरकार सभी क्रांतिकारी पकड़े गए। कुछ को फाँसी तो कुछ को काले पानी की सजा दी गई। (1925)

पहले खुलेआम चेतावनी दी फिर मारा

भारत की आजादी और भारत से अंग्रेजों का निष्कासन ही संघ का मुख्य उद्देश्य था। ट्यूटीकोरिन में संपन्न हुई एक बैठक में एक सदस्य क्रान्तिकारी वांची अय्यर ने कलेक्टर मि. रॉबर्ट विलियम ऐश की हत्या

का उत्तरदायित्व अपने ऊपर लिया। वांची अय्यर ट्रावनकोर के वन-विभाग में एक क्लर्क था और वह बहुत कट्टर विचारों का व्यक्ति था। अपने अत्यधिक उत्साह की झोंक में वांची और उसके साथियों ने मि. ऐश को लिखित चेतावनी भी दे दी–

भारत-माता-संघ के हम सदस्यगण आपको चेतावनी देते हैं कि आप हम क्रान्तिकारियों के प्रति अपनी दमन-नीति का परित्याग कर दें, अन्यथा हम आपके धड़ से आपके सर को अलग करके उसके टुकड़े-टुकड़े कर देंगे।

आपके
सदस्यगण "भारत-माता-संघ"

यह चेतावनी भरा पत्र पाकर कलकक्टर मि. ऐश और सभी अंग्रेज अफसरों में खलबली मच गई। उन्होंने अपनी सुरक्षा के पूरे प्रबन्ध कर लिए। चेतावनी भरा पत्र जाँच-पड़ताल के लिए डिप्टी इंस्पेक्टर जनरल पुलिस को 12 दिसम्बर, 1910 को दे दिया।

मि. ऐश की हत्या के पूर्व समस्त दक्षिण-भारत में जोशीला वातावरण तैयार किया गया। 'वन्देमारतम्' शीर्षक से एक प्रपत्र भी संस्था में बाँटा

गया जिसके द्वारा युवकों को प्रेरित किया गया कि वे अंग्रेजों की हत्याएँ करने में संकोच न करें और भारत से ब्रिटिश-साम्राज्य को उखाड़ फेंकने की प्रतिज्ञा लें।

इसी प्रकार जोशीले वातावरण में एक दिन 17 जून, 1911 को वांची अय्यर ने अपने शिकार कलेक्टर मि. ऐश को घेर लिया। दोपहर के लगभग ग्यारह बजे का समय था। मि. ऐश अपनी पत्नी के साथ टिन्नेवली से आने वाली ट्रेन से मयांची स्टेशन पर उतरे। वहाँ उन्हें ट्यूटीकोरिन जाने के लिए 'बोट मेल' नाम की ट्रेन में सवार होना था। उनके साथ अर्दली भी था। टिन्नेवली से आने वाली ट्रेन से उतरकर वे प्लेटफार्म पर खड़ी हुई एक खाली ट्रेन के प्रथम श्रेणी के डिब्बे में जा बैठे। उनका अर्दली उस प्लेटफार्म पर सामान रखने लगा, जिस पर ट्यूकोरिन जाने वाला बोट मेल आने को था। खाली गाड़ी में बैठे हुए मि. ऐश एक अखबार पढ़ने लगे। उनकी पत्नी भी उनके पास बैठी हुई अर्दली को सामान रखते हुए देखने लगीं। इसी समय वांची अय्यर फुर्ती से आया और उसने मि. ऐश का निशाना साधकर दो गोलियाँ दाग दी। मि. ऐश नीचे लुढ़क गए। उन्हें अस्पताल ले जाया गया जहाँ उनकी मृत्यु हो गई।

जिस समय वांची अय्यर ने मि. ऐश पर पहली गोली दागी तो लोगों ने उस आवाज की ओर विशेष ध्यान नहीं दिया। लोगों का ख्याल था कि किसी ने सोडा-वाटर की बोतल का ढ़क्कन खोला है। जब दूसरी गोली चलाई गई और श्रीमती ऐश ने सहायता के लिए गुहार मचाई तो भागदौड़ प्रारम्भ हो गई और पुलिस के सिपाही तथा कुछ अन्य लोग आक्रामक की ओर झपट पड़े। वांची अय्यर भागकर यात्री-विश्राम-गृह में पहुँचा और वहाँ उसने अपने गले में गोली मार कर अपनी इहलीला भी समाप्त कर ली। उन दिनों इस प्रकार स्वयं को समाप्त करना आत्महत्या नहीं माना जाता था। वांची अय्यर के पास से एक स्वीकृति-पत्र तमिल भाषा में लिखा हुआ पाया गया, जिसमें लिखा था, "इस पुण्य-भूमि पर राम, कृष्ण, शिवाजी और गोविन्द सिंह राज कर चुके हैं और उन लोगों ने प्रत्येक धर्म की रक्षा की थी, और अब ब्रिटिश लोग इसी भारत में म्लेच्छ जॉर्ज पंचम की ताजपोशी करने जा रहे हैं। अतएव प्रत्येक भारतवासी अंग्रेजों को भारत से भगाकर स्वराज्य की स्थापना करने में प्रयत्नशील है।"

नमक कानून तोड़ा गया

1930 में कांग्रेस कार्यसमिति ने गांधीजी के नेतृत्व में सविनय अवज्ञा आंदोलन करने का प्रस्ताव स्वीकृत किया।

गांधीजी ने नमक कानून तोड़ने का निश्चय किया। वे अपने 79 साथियों को लेकर 12 मार्च को साबरमती आश्रम से दांडी यात्रा को निकले। उनकी योजना थी कि पहले केवल वे ही नमक क्षेत्र में जाकर नमक उठायेंगे। उनकी गिरफ्तारी के बाद देश भर में लोग इस कार्यक्रम को उठा लेंगे। कूच के प्रारम्भ होते ही जनता में व्यापक रूप से उत्साह पैदा हो गया। 5 अप्रैल को गांधी जी दांड़ी पहुँचे। उसी दिन उन्होंने और उनके साथियों ने समुद्र तट से नमक बीनकर कानून तोड़ा।

सारे देश में विराट सभाएँ हुईं और देश में एक छोर से दूसरे छोर तक दावानल की भाँति आन्दोलन फैल गया। कई जगह गोलियाँ चलीं, लोग घायल हुए और मारे गये। प्रेस ऐक्ट कड़ा कर दिया गया, अखबारों से जमानत मांगी गयी। प्रेस जब्त किये गये। सूरत जिले के धारासना के नमक के कारखाने पर अधिकार करने की योजना की सूचना गांधी जी ने वाइसराय को दी। 5 मई को सरकार ने गांधी जी को गिरफ्तार कर लिया। वे पूना में नजरबन्द किये गये। उनकी गिरफ्तारी का देशव्यापी असर हुआ। बम्बई, कलकत्ता तथा अन्य अनेक स्थानों पर स्वेच्छापूर्वक सम्पूर्ण हड़तालें हुईं। सरकारी पदों और पदवियों को छोड़ने की घोषणाएँ हुईं। देश भर में गांधी जी के शान्ति और अनुशासन सम्बन्धी निर्देशों का आश्चर्यजनक रूप से पालन किया गया, पर कहीं-कहीं झगड़े हुए। दमन का निकृष्टतम रूप उत्तर-पश्चिमी सीमा प्रान्त में प्रकट हुआ जहां अब्दुल गफ्फार खां की गिरफ्तारी के बाद अहिंसक पठानों पर अकथनीय जुल्म ढाये गये। अन्त में गढ़वाल बटालियन ने निहत्थे लोगों पर गोलियां चलाकर भून डालने से इंकार कर दिया, जिसके परिणामस्वरूप सिपाहियों पर भी फौजी अदालतों में मुकदमा चलाकर बहुतों को दस से पन्द्रह वर्ष तक की सजाएँ दी गयी। धारासना में नमक के भण्डार पर धावा बोला गया। बाद में बोरसद में कारबंदी आन्दोलन हुआ। जून में कांग्रेस को गैर-कानूनी घोषित किया गया। इस समय तक देश में गिरफ्तार सत्याग्रहियों की संख्या एक लाख तक पहुँच गयी थी।

इस आन्दोलन में सजा पाने वालों की संख्या एक लाख से कम नहीं रही होगी। जुर्माने भी बड़े पैमाने पर किये गये। लाठी और गोली की मार भी जगह-जगह और व्यापक पैमाने पर हुई। अखबारों से भारी जमानतें माँगी गयीं और बहुत से अखबार बंद ही हो गये। फिर भी एक बात स्पष्ट थी- लोगों ने कष्ट और अत्याचार सहे, पर किसी गंभीर हिंसात्मक मार्ग को नहीं अपनाया। (1930)

खतरनाक क्रांतिकारी

शहर में तरह-तरह की अफवाहें उड़ रही थीं। कोई बड़ा क्रांतिकारी पकड़ा गया है और पुलिस पर जबरदस्त हमला होने वाला है। पुलिस की जरूरत से ज्यादा मुस्तैदी ने लोगों में घबराहट पैदा कर दी थी, और उस दिन समय से पहले ही शहर की सारी दुकानें बन्द हो गयीं।

पृथ्वी सिंह को जबरदस्त बुखार था और वह जिन्दगी और मौत के बीच लटक रहे थे।

वे 8 अक्टूबर, 1915 को पकड़े गये थे। लेकिन पुलिस इतनी घबड़ायी हुई थी कि उन्हें चार दिन भी अस्पताल में रखना मुश्किल मालूम हो रहा था। 12 तारीख को रात के सन्नाटे में वह अम्बाला के सेन्ट्रल जेल में पहुँचा दिये गये।

कैदी अफवाहें सुनकर कह रहे थे कि क्रांतिकारियों ने शहर पर आक्रमण कर दिया है। घमासान लड़ाई हो रही है और किसी समय भी जेल पर हमला हो सकता है। पृथ्वी सिंह अपनी काल कोठरी में अकेले पड़े थे। वह भीषण पीड़ा से कराह रहे थे, मगर उनकी सुधि लेने वाला कोई नहीं था। कैदी आशा लगाये हुये थे कि क्रांतिकारी अब जेल का फाटक तोड़ने ही वाले हैं, उन्हें मुक्ति मिल जाएगी। उन्हें यह पता न था कि इन सारी अफवाहों का कारण वह क्रांतिकारी मरणासन्न होकर यहीं पड़ा है।

सवेरे जब जेल का दरवाजा खुला तो छः फुट लम्बा कोयले से भी काली डरावनी सूरत का एक भंगी भीतर आया। पृथ्वी सिंह को जेल के बारे में सुनी बचपन की कथाएँ सच्ची मालूम होने लगी। पृथ्वी सिंह को

खाने की तो बात ही क्या, पीने के लिये पानी तक नहीं दिया गया था। जेल के अधिकारी उस आदमी को देखना चाहते थे जिसकी वजह से सारे शहर में खलबली मची हुई है।

यद्यपि अभियुक्तों में विशन सिंह पहलवान जैसे बड़े तगड़े आदमी थे, जिनके डील-डौल और बल को देखकर विरोधी काँप उठते। उन पर हत्या और डकैती का इलज़ाम था, लेकिन वे इतने खतरनाक नहीं समझे जाते थे जितने कि पृथ्वी सिंह। इतने दिनों से जेल में रहते हुए उन्होंने कोई कसूर नहीं किया और न अपना पूरा काम करने से जी चुराया, तो भी उन्हें सबसे ज्यादा खतरनाक कैदी समझा जाता था। उनके लिए पहले से ही सेल चुन रक्खी गयी थी और हर रात उनकी सेल बदल दी जाती थी। हर रोज लोहे की छड़ों की ठोंक-ठोंक कर परीक्षा होती। पहिचान के लिए सफेद रंग से भरी एक हंडिया सेल के सामने रक्खी रहती थी। इतना भी काफी नहीं समझा जाता था और हर दो-दो घंटे पर सिपाही आकर उन्हें खड़ा करता। फिर जोर से चिल्लाकर खबर देता, "ऑल इज वेल" (सब ठीक है) जो सुनने में "ऑल इज हेल्" (सब नरक है) मालूम होता। (1915)

1857 में विद्रोह की चिनगारी उठी

उत्तर में नाना साहब और अजामुल्ला खाँ तथा दक्षिण में रंगो जी बापू इस क्रान्ति की योजना को सफल बनाने में लगे। इस योजना का मुख्य विचार यह था कि मुगल सम्राट बहादुर शाह के झंडे के नीचे सारे

भारतीय एकत्रित हों, अंग्रेजों को भारत से निकाल दें और फिर इस देश के सुशासन की व्यवस्था मुगल सम्राट के तत्त्वावधान में की जाय। इसके लिए उनका विचार यह था कि एक देशव्यापी, विशाल और गुप्त संगठन खड़ा किया जाय; और सारे देश में एक साथ और एक दिन अंग्रेजों के विरूद्ध युद्ध छेड़ दिया जाय।

एक ओर नाना साहब ने 1856 से कुछ पहले ही भारत भर के राजा-नवाबों के पास पत्र भेजने प्रारम्भ कर दिये, दूसरी ओर कम्पनी की सारी देशी फौजों को अपनी ओर करने के लिए उन्होंने गुप्त प्रचारक भेजे। जो गुप्त पत्र नाना ने भेजे उनमें उसने अंग्रेजों की भारत को पराधीन करने की कूट और धूर्त नीति और उससे होने वाली हानि का जिक्र किया था और आगामी स्वाधीनता के युद्ध में भाग लेने के लिए उनका आवाहन किया था।

मुगल सम्राट बहादूरशाह और बेगम जीनत महल ने नाना का पूरा साथ देने का निश्चय किया। अवध के निर्वासित नवाब वाजिदअली शाह, बेगम हजरत महल और वजीर अली नबी खां ने स्वयं को इस क्रांति में पूरी तरह झोंक दिया। अली नवी खां ने कलकत्ते में बैठकर फकीरों और संन्यासियों के रूप में गुप्तचर उत्तर भारत की देशी फौजों में भेजे और उन फौजों के भारतीय अफसरों के साथ पत्र-व्यवहार प्रारंभ किया। बेगम हजरत महल ने अवध के रईसों और जनता को क्रांति के लिए तैयार करना शुरू किया। हजारों हिन्दू-मुसलमान सिपाहियों और अफसरों ने गंगाजल और कुरान हाथ में लेकर इस स्वाधीनता संग्राम में भाग लेने और अंग्रेजों को देश से बाहर निकालने की शपथ ली।

इस विशाल संगठन के लिए धन की कमी न रही। हजारों रईसों और साहूकारों ने थैलियों के मुंह खोल दिये, हजारों फकीर-संन्यासी घूम-घूम कर स्वाधीनता के युद्ध का प्रचार करने लगे और हजारों मौलवी-पंडित इसकी सफलता के लिए ईश्वर से प्रार्थना करने लगे।

इस समय इस क्रान्ति के संचालन के मुख्य केन्द्र दिल्ली, लखनऊ, बिठूर, कलकत्ता और सतारा थे। जिस वेग और शीघ्रता से सारे भारत में, विशेषकर उत्तर भारत में इसका प्रचार किया गया वह आश्चर्यजनक था। मुख्य बात यह थी कि अंग्रेजों को अन्त तक इस तैयारी का कुछ भी ज्ञान नहीं हुआ।

और देश भर में क्रांति का एक दिन निश्चित करने को मार्च 1857 में नाना साहब और अजीमुल्ला खाँ तीर्थ यात्रा के बहाने बिठूर से रवाना हुए। पहले वे दिल्ली गये, फिर अम्बाला और लखनऊ पहुंचे। सबसे सलाह कर के रविवार 31 मई, 1857 का दिन समूचे भारत में एक क्रान्ति करने के लिए निश्चित किया गया।

क्रान्ति के नेताओं ने अपने संगठन के दो मुख्य चिन्ह नियत किये थे– एक, कमल का फूल; दूसरा, चपाती। कमल का फूल उन पलटनों में घुमाया जाता था जो इस संगठन में शामिल थे। चपाती एक गांव का चौकीदार दूसरे गांव के चौकीदार के पास ले जाता था। उस चौकीदार का कर्त्तव्य हो जाता था कि उस रोटी का कुछ भाग वह स्वयं खाकर गाँव के सब लोगों को खिला दे और दूसरी रोटी बनाकर अगले गाँव में पहुँचा दे। आश्चर्य की बात यह है कि कुछ महीनों में यह चपातियां इस विशाल देश के एक सिरे से लेकर दूसरे सिरे तक लाखों गाँवों में पहुंच गयी। कमल और चपाती निश्चय ही इस क्रान्ति के बड़े अर्थपूर्ण प्रतीक थे।

दुर्भाग्य की बात यह है कि एक छोटी-सी घटना के कारण यह क्रांति निश्चित तारीख से पहले ही शुरू हो गयी। बैरकपुर की 19वीं पलटन ने फरवरी 1857 में गाय और सुअर की चर्बी लगे नये कारतुस का उपयोग करने से इंकार कर दिया।

भारतीय अफसरों ने 31 मई तक रुकने की सलाह दी, पर मंगल पांडे न रुका। जब पलटन परेड के मैदान में बुलायी गयी तो मंगल पांडे बन्दूक लेकर कूद पड़ा और सिपाहियों को आह्वान करने लगा। पलटन ने अंग्रेज अफसर की आज्ञा मानने से इंकार किया। अन्त में मंगल पांडे को पकड़ा गया और उसे फाँसी दे दी गयी।

10 मई को विद्रोह आरम्भ हो गया। मेरठ में क्रान्ति का समय से पूर्व प्रारम्भ हो जाना अंग्रेजों के लिए वरदान और भारतीयों के लिए अभिशाप सिद्ध हुआ। कहा जाता है कि यदि पूर्व-निश्चय के अनुसार एक ही तारीख को सारे भारत में इस युद्ध का प्रारम्भ हुआ होता तो भारत में एक भी अंग्रेज जिन्दा नहीं बचता और भारत में अंग्रेजी राज्य का तभी अन्त हो गया होता। (1857)

किसी मुसलमान को भी फांसी चढ़ने दो

काकोरी कांड का मुकदमा दो साल तक चला। बिस्मिल, अशफाक उल्ला, रोशन सिंह और राजेन्द्रनाथ लाहिड़ी को फांसी दी गई, बख्शी को आजन्म कारावास की सजा मिली। अठारह अन्य क्रांतिकारियों को तीन-तीन बर्ष के कठोर कारावास का दंड मिला।

गोरखपुर जेल में रामप्रसाद बिस्मिल हंसते-हंसते शहीद हो गए। देश की एकता, अखंडता और स्वतंत्रता की दिशा में अशफाक उल्ला खां का बलिदान एक अपूर्व घटना है। अशफाक उल्ला का जन्म शाहजहांपुर के उच्च पठान कुल में हुआ था।

देशभक्ति उनकी रग-रग में बसी हुई थी। राष्ट्र और धर्म का प्रश्न उठने पर वह देश को सबसे ऊंचा स्थान देते थे। गांधीजी के असहयोग आंदोलन में अशफाक की पढ़ाई छूट गई थी। काकोरी-कांड के बाद जब उन्हें गिरफ्तार कर लिया गया तो शीचन्द्रनाथ बख्शी के साथ उन पर अलग से मुकदमा चला।

पुलिस सुपरिन्टेन्डेंट खान बहादुर ने उनसे कहा, "देखो अशफाक, तुम मुसलमान हो, हम भी मुसलमान है। हमें तुम्हारी गिरफ्तारी से रंज है। रामप्रसाद वगैरह हिन्दू है। ये लोग हिन्दू सल्तनत कायम करना चाहते हैं। तुम पढ़े-लिखे खानदानी मुसलमान हो। काफिरों के चक्कर में क्यों पड़ते हो! मैं तुम्हारी मदद करूंगा!"

अशफाक गुस्से से भर उठे। झल्ला कर बोले, "खबरदार जो ऐसी बात मुंह से निकाली। अव्वल तो पंडित जी (रामप्रसाद बिस्मिल) वगैरह सच्चे हिन्दुस्तानी है, उन्हें सल्तनत, हुकूमत या फिरकेवारान सरकार से कोई सरोकार नहीं। फिर भी आप की बात ही लूं तो भी अंग्रेजों के राज्य से हिन्दू राज्य को अधिक तरजीह दूंगा। आपने उन्हें काफिर बताया, मेहरबानी करके मेरे सामने से चले जाइए।"

अशफाक के एक मित्र ने उनसे कहा कि आपको जेल से भगाने का इंतजाम किया जा सकता है। यह सुन अशफाक ने उत्तर दिया, "भई, वतन के लिए किसी मुसलमान को भी तो फांसी पर चढ़ने दो।"

सदा प्रसन्न रहने वाले अशफाक उल्ला ने फांसी के दिन (9 दिसम्बर, 1927) कुरान शरीफ का पाठ किया। कलमा पढ़ते हुए फांसी के तख्ते तक गए। तख्ते को चूमा और वहां उपस्थित लोगों से कहा, "मेरे पाक हाथ इंसान के खून से कभी नहीं रंगे। मुझ पर लगाए गए इल्जाम गलत हैं। अब खुदा के यहां इंसाफ कराने जा रहा हूं।"

इसके बाद फंदा गले में डालकर मातृभूमि का यह सच्चा सपूत दुनिया से सदा के लिए चला गया। वह अच्छे शायर भी थे। मौत से कभी नहीं डरे। वह कहा करते थे :-

बुजदिलों को ही सदा मौत से डरते देखा,
गरचे सौ बार उन्हें रोज ही मरते देखा।
मौत से वीर को हमने नहीं डरते देखा,
तख्त-ए-मौत पै भी खेल ही करते देखा।

फैजाबाद से उनका शव शाहजहाँपुर ले जाया जा रहा था। उनके अन्तिम दर्शन करने को लखनऊ स्टेशन पर भारी भीड़ थी। बड़े-बूढ़े भी यों रो रहे थे मानो उनका अपना पुत्र ही चला गया हो। (1927)

फांसी नहीं गोली से उड़ाया जाए

भगत सिंह और उनके दोनों साथियों को फांसी लगने ही वाली है, यह सबकी राय थी। उसे किसी तरह कुछ दिन के लिए रोकना चाहिए, जिससे व्यापक रूप में उन्हें फांसी से बचाने का प्रयत्न हो सके, यह ''लाहौर षड्यंत्र-केस-डिफेंस कमेटी'' के कानून विशारदों की राय थी। इसका एक ही उपाय था कि भगत सिंह और उनके साथी गवर्नर से दया की प्रार्थना करें, पर भगत सिंह कभी भी इसके लिए तैयार नहीं हो सकते, इसे सब जानते थे।

श्री प्राणनाथ मेहता एडवोकेट की बात भगत सिंह मानते थे। वे 19 मार्च, 1931 को जेल में भगत सिंह और उनके दोनों साथियों से मिले। घुमा-फिराकर उन्होंने उनसे 'मर्सी-पिटीशन' (दया प्रार्थना) की बात कही और विश्वास दिलाया कि यदि आप लोग 'हां' कह दें, तो हम पिटीशन की भाषा ऐसी कर देंगे कि उससे आपका जरा भी सम्मान कम न हो।

दूसरे दोनों साथी तो इससे नाराज हुए, पर भगत सिंह ने इसे मान लिया और कहा अच्छी बात है, तुम तैयार कर लाओ मर्सी पिटीशन।

श्री प्राणनाथ खुशी-खुशी लौटे और कई कानून विशारदों के साथ रात भर मर्सी पिटीशन का ड्राफ्ट बनाते रहे। दूसरे दिन 20 मार्च, 1931 को जब वे जेल गये तो भगत सिंह ने कहा-हमने तो भेज भी दिया गवर्नर पंजाब को अपना मर्सी-पिटीशन, और उनहोंने निम्नलिखित पत्र उनके हाथ पर रख दिया।

फांसी नहीं, हमें गोली से उड़ाया जाए

आदरणीय महोदय,

सेवा में सविनय निवेदन है कि भारत की ब्रिटिश सरकार के सर्वोच्च अधिकारी वायसराय ने एक विशेष अध्यादेश जारी करके लाहौर षड़यंत्र अभियोग की सुनवाई के लिए एक विशेष न्यायाधिकरण (ट्रिब्यूनल) को स्थापित किया था, जिसने अक्टूबर, सन 1930 में हमें फांसी का दंड सुनाया। हमारे विरुद्ध सबसे बड़ा दोष यह लगाया गया है कि हमने सम्राट जॉर्ज पंचम के विरुद्ध युद्ध किया है। न्यायालय के इस निर्णय से दो बातें स्पष्ट हो जाती हैं- प्रथम यह कि अंग्रेज जाति और भारतीय जनता के मध्य एक युद्ध चल रहा है, दूसरे यह कि हमने निश्चित रूप से उस युद्ध में भाग लिया है। अतः हम राजकीय युद्धबन्दी है। यद्यपि इसकी व्याख्या में बहुत सीमा तक अतिशयोक्ति से काम लिया गया है, तथापि हम यह कहे बिना नहीं रह सकते कि ऐसा करके हमें सम्मानित किया गया है।

प्रथम व्याख्या पर हम जरा विसतार के साथ प्रकाश डालना चाहते हैं। हमारे विचार से प्रत्यक्ष रूप में ऐसी कोई लड़ाई छिड़ी हुई नहीं है और हम नहीं जानते कि युद्ध छिड़ने से न्यायालय का आशय क्या है, परन्तु हम इस व्याख्या को स्वीकार करते हैं। इसके साथ ही हम इसको इसके ठीक अर्थों में समझना चाहते हैं।

हम यह कहना चाहते हैं कि युद्ध छिड़ा हुआ है और यह युद्ध तब तक चलता रहेगा, जब तक कि शक्तिशाली व्यक्ति भारतीय जनता और श्रमिकों की आय के साधनों पर अपना एकाधिकार जमाये रखेंगे। चाहे ऐसे व्यक्ति अंग्रेज पूंजीपति, अंग्रेज शासक या सर्वथा भारतीय ही हों। उन्होंने आपस में मिलकर एक लूट मचा रखा है। यदि शुद्ध भारतीय पूंजीपतियों के द्वारा ही निर्धनों का खून चूसा जा रहा हो तब भी इस स्थिति में कोई

अन्तर नहीं पड़ता यदि आपकी सरकार कुछ नेताओं या भारतीय समाज के मूखियों पर प्रभाव जमाने में सफल हो जाये, कुछ सुविधायें मिल जायें अथवा समझौते हो जायें, उससे भी स्थिति नहीं बदल सकती। जनता पर इन सब बातों का प्रभाव बहुत कम पड़ता है।

इस बात की भी हमें चिन्ता नहीं है कि एक बार फिर युवकों को धोखा दिया गया है और इस बात का भी भय नहीं है कि हमारे राजनैतिक नेता पथभ्रष्ट हो गये हैं और वे समझौते की बातचीत में इन निरपराध बेघर और निराश्रित बलिदानियों को भूल गये हैं, जिन्हें दुर्भाग्य से क्रान्तिकारी पार्टी का सदस्य समझा जाता है। हमारे राजनैतिक नेता उन्हें अपना शत्रु समझते हैं, क्योंकि उनके विचार में वे हिंसा में विश्वास रखते है। हमारी वीरांगनाओं ने अपना सब कुछ बलिदान कर दिया है। उन्होंने बलिदेवी पर अपने पतियों को भेंट किया, उन्होंने अपने आपको भी न्यौछावर कर दिया, परंतु आपकी सरकार उन्हें विद्रोही समझती है। आपके एजेंट भले ही झूठी कहानियां बनाकर उन्हें बदनाम कर दें और पार्टी की ख्याति को हानि पहुंचाने का प्रयास करें, परंतु यह युद्ध चलता रहेगा।

हो सकता है कि यह युद्ध भिन्न-भिन्न दशाओं में भिन्न-भिन्न स्वरूप ग्रहण करें। कभी यह युद्ध प्रकट रूप ले ले, कभी गुप्त दशा में चलता

रहे, कभी भयानक रूप धारण कर ले, कभी किसान के स्तर पर जारी रहे और कभी यह युद्ध इतना भयानक हो जाए कि जीवन और मरण की बाजी लग जाये। चाहे कोई भी परिस्थिति हो, इसका प्रभाव आप पर पड़ेगा।

यह आपकी इच्छा है कि आप जिस परिस्थिति को चाहे चुन लें, परन्तु यह युद्ध चलता रहेगा। इसमें छोटी-छोटी बातों पर ध्यान नहीं दिया जाएगा। बहुत संभव है कि यह युद्ध भंयकर स्वरूप धारण कर ले। यह उस समय तक समाप्त नहीं होगा, जब तक कि समाज का वर्तमान ढांचा समाप्त नहीं हो जाता, प्रत्येक व्यवस्था में परिवर्तन या क्रान्ति नहीं हो जाती और सृष्टि में एक नवीन युग का सूत्रपात नहीं हो जाता।

निकट भविष्य में यह युद्ध अंतिम रूप में लड़ा जाएगा और तब यह निर्णायक युद्ध होगा। सम्राज्यवाद एवं पूंजीवाद कुछ समय के मेहमान हैं। यही वह युद्ध हैं, जिसमें हमने प्रत्यक्ष रूप में भाग लिया है। हम इसके लिए अपने पर गर्व करते हैं। इस युद्ध को न तो हमने प्रारम्भ ही किया है और न यह हमारे जीवन के साथ समाप्त ही होगा। हमारी सेवाएं इतिहास के उस अध्याय के लिए मानी जाएगी, जिसे यतीन्द्रनाथ दास और भगवतीचरण के बलिदानों ने विशेष रूप से प्रकाशमान कर दिया है। इनके बलिदान महान है।

जहां तक हमारे भाग्य का सम्बन्ध है, हम बलपूर्वक आपसे यह कहना चाहते हैं कि आपने हमें फांसी पर लटकाने का निर्णय कर लिया है, आप ऐसा करेंगे ही। आपके हाथों में शक्ति है और आपको अधिकार भी प्राप्त है, परन्तु इस प्रकार आप जिसकी लाठी उसकी भैंस वाला सिद्धांत ही अपना रहे हैं और उस पर कटिबद्ध हैं। हमारे अभियोग की सुनवाई इस वक्तव्य को सिद्ध करने के लिए पर्यापत है कि हमने कभी कोई प्रार्थना नहीं की, और अब भी हम आपसे किसी प्रकार की दया की प्रार्थना नहीं करते। हम आपसे केवल यह प्रार्थना करना चाहते है कि आपकी सरकार के ही एक न्यायालय के निर्णय के अनुसार हमारे विरुद्ध युद्ध जारी रखने का अभियोग है।

इस स्थिति में हम युद्धबन्दी हैं और इसी आधार पर हम आपसे मांग करते हैं कि हमारे प्रति युद्धबंन्दियों जैसा ही व्यवहार किया जाए-हमें फांसी देने के बदले गोली से उड़ा दिया जाए।

अब यह सिद्ध करना आपका काम है कि आपको उस निर्णय में विश्वास है, जो आपकी सरकार के एक न्यायालय ने दिया है। आप अपने कार्य द्वारा इस बात का प्रमाण दीजिए। हम विनयपूर्वक आपसे प्रार्थना करते हैं कि आप अपने सेना-विभाग को आदेश दें कि हमें गोली से उड़ाने के लिए एक सैनिक टोली भेज दी जाये। (1931)

भवदीय

–भगत सिंह, राजगुरु, सुखदेव

खबरदार जो कोई आगे बढ़ा

19 मार्च, 1857 का दिन अंग्रेजों के लिए दुर्भाग्य के दिन के रूप में उदित हुआ। पांचवी कंपनी की चौतीसवीं रेजीमेंट का 1446 नं. का वीर सिपाही मंगल पाण्डे अंग्रेजों के लिए प्रलय-सूर्य के समान निकला। बैरकपुर की संचलन भूमि में उसका रणघोष गूंज उठा, "बन्धुओं! उठो! उठो! तुम अब भी किस चिन्ता में निमग्न हो। उठो, तुम्हें अपने पावन धर्म की सौगन्ध! चलो स्वातंत्र्य लक्ष्मी की पावन अर्चना हेतु इन अत्याचारी शत्रुओं पर तत्काल प्रहार करो।"

मंगल पाण्डे के बदले हुए तेवर देखकर अंग्रेज सार्जेन्ट मेजर ह्यूसन उसके पथ को अवरुद्ध करने के लिए आगे बढ़ा। उसने उस विद्रोही सिपाही को उसकी उदण्डता का पुरस्कार देना चाहा। अपनी कड़कती हुई आवाज में उसने मंगल पाण्डे को खड़ा रहने का आदेश दिया। विद्रोही मंगल पाण्डे के अरमान मचल उठे। वह शिव-शंकर की भांति सन्नद्ध होकर रक्त-गंगा का आह्वान करने लगा। उसकी सबल बाहुओं ने बन्दूक तान ली। उसके सीधे हाथ की सधी हुई उंगलियों ने बन्दूक का घोड़ा अपनी ओर खींचा और धूँ ऽऽऽ का तीव्र स्वर घहर उठा। सार्जेन्ट मेजर ह्यूसन घायल कबूतर की भांति भूमि पर तड़प रहा था और उसका खून भारत की धुल चाट रहा था। 1857 के विद्रोही वर्ष ने एक अंग्रेज की बलि ले ली थी। विप्लव महायज्ञ के पुरोधा मंगल पाण्डे की बन्दूक पहला

'स्वाहा!' बोल चुकी थी। स्वातंत्र्य यज्ञ की वेदी को दस्यु-देह की समिधा अर्पित हो चुकी थी।

ह्यूसन को धराशायी हुआ देख लेफ्टिनेन्ट बॉह्व आ पहुंचा। उस अश्वारूढ़ गोरे ने मंगल पाण्डे को घेरना चाहा। पहला ग्रास खाकर मंगल पाण्डे की बन्दूक की भूख भड़क उठी थी। उसने दूसरी बार मुंह खोला और लेफ्टिनेन्ट बॉह्व घोड़े-सहित भू-लुण्ठित होता दिखाई दिया। गिरकर भी बॉह्व ने अपनी पिस्तौल मंगल पाण्डे की ओर सीधी करके गोली चला दी। विद्युत गति से वीर पाण्डे गोली का वार बचा गया और ले. बॉह्व खिसियाकर रह गया। अपनी पिस्तौल को मुंह की खाते हुए देख बॉह्व ने अपनी तलवार खींच ली और पाण्डे पर टूट पड़ा। पाण्डे भी कच्चा खिलाड़ी नहीं था। ले. बॉह्व ने मंगल पाण्डे पर प्रहार करने के लिए तलवार तानी ही थी कि पाण्डे की तलवार का भरपूर हाथ उस पर ऐसा पड़ा कि ले. बॉह्व का कंधा और तलवार वाला हाथ जड़ से कटकर अलग जा गिरा। एक बलि मंगल पाण्डे की बन्दूक ले चुकी थी और दूसरी बलि उसकी तलवार ने ले ली।

ले. बॉह्व को धराशायी हुआ देखकर एक दूसरा गोरा मंगल पाण्डे की ओर बढ़ा ही था कि मंगल पाण्डे के साथी एक भारतीय सैनिक ने अपनी बन्दूक को डंडे की भांति दोनों हाथों में कसकर थाम गोरे की खोपड़ी पर उसको दे मारा। गोरे की खोपड़ी खुल गई।

अपने आदमियों को गिरते देख कर्नल ह्वीलर मंगल पाण्डे की ओर बढ़ा पर सभी क्रुद्ध भारतीय सिंह भीषण गर्जना कर उठे, "खबरदार! जो कोई आगे बढ़ा। आज हम अपवित्र हाथों को पूज्य ब्राह्मण की देह का स्पर्श नहीं करने देंगे।"

कर्नल ह्वीलर जैसा आया था, वैसा ही लौट गया। इन सारे काण्ड की सूचना अपने जनरल को देकर अंग्रेज सेना बटोरकर लाना उसने अपना धर्म समझा।

वीर मंगल पाण्डे ने अपने कर्तव्य की पूर्ति कर दी थी। उसने सोचा कि अंग्रेजी सेना के हाथों में पड़ने या उनकी गोली का निशाना बनने की अपेक्षा स्वयं की गोली को ही कृतार्थ करना ठीक होगा। उसने अपनी बन्दूक अपनी छाती से अड़ा कर गोली छोड़ दी। गोली छाती में सीधी न जाती हुई पसली की तरफ फिसल गई और घायल शेर अंग्रेज सेना द्वारा बन्दी बना लिया गया।

अंग्रेजों ने भरसक प्रयत्न किया कि वे मंगल पाण्डे से उसके विद्रोही साथियों के नाम पते पूछ सकें। पर वह मंगल पाण्डे था जिसका मुंह अपने साथियों को फंसाने के लिए खुला ही नहीं। मंगल पाण्डे होकर वह अपने विद्रोही साथियों का अमंगल कैसे करता?

फौजी अदालत ने न्याय का नाटक खेला और फैसला सुना दिया कि 8 अप्रैल को मंगल पाण्डे को फांसी का पुरस्कार दिया जाय। बैरकपुर के जल्लादों ने पाण्डे के पवित्र खून से अपने हाथ रंगने से इनकार कर दिया। कलकत्ता से चार जल्लाद बुलाए गए। (1857)।

खिलौनों के पार्सल में हथियार भेजती थीं

श्रीमती कामा जब ब्रिटेन में थीं, तो श्री दादाभाई नौरोजी के ब्रिटिश संसद के लिए चुनाव में कठिन परिश्रम किया और श्री दादा भाई ब्रिटिश संसद में चुने गए प्रथम भारतीय थे। वह अमरीका गई और उन्होंने स्थान-स्थान पर भारत की स्थिति पर भाषण दिए। नवम्बर 1908 में वह पुनः लंदन लौटी और उन्होंने अपने भाषणों की प्रतियां भारत भेजी। उनका नारा था, "हम सब भारतीय हैं और भारतवर्ष भारतीयों के लिए है।" वह राष्ट्रीय एकता में विश्वास रखती थीं और उनका यह मत था कि किसी को भी कोई ब्रिटिश पद ग्रहण नहीं करना चाहिए, चाहे वह कितना ही बड़ा क्यों न हो। वह मानव मात्र में प्रेम चाहती थी। उन्होंने एक भाषण में कहा था, "वह कितनी खुशी का दिन होगा जब मैं कह सकूंगी कि सारा संसार मेरा देश है और इसमें रहने वाले सब लोग मेरे संबंधी हैं। किन्तु उस शुभ दिन के आने से पहले स्वतंत्र राष्ट्रों का निर्माण आवश्यक है।"

मादाम कामा ने भारतीय स्वतंत्रता संग्राम के सैनिकों को साहित्य ही नहीं भेजा, वह बड़े दिन की भेंट के नाम पर खिलौनों के पार्सलों से हथियार भेजती थीं और जब ब्रिटिश सरकार ने उनकी डाक पर प्रतिबंध लगा दिया, तो वह पांडिचेरी की फ्रांसीसी बस्ती के द्वारा वे सारी वस्तुएं भेजने लगी। जब भारत में ब्राउनिंग पिस्तौलों के संबंध में अमीन नामक

मुखबिर के बयान के कारण श्री श्यामजी कृष्ण वर्मा तथा श्री सरदार सिंह राणा पर कार्रवाई होने की नौबत आई तो वह पेरिस में ब्रिटिश कौंसल के पास पहुंची और उन्होंने यह बयान दिया कि ये पिस्तौलें मैंने ही भारत भिजवाई थीं, उसके लिए मैं ही उत्तरदायी हूं। वह इस प्रकार की वीर थी। ब्रिटिश सरकार ने उन्हें फरार घोषित कर दिया और भारत में उनकी एक लाख रुपये की सम्पत्ति जब्त कर ली। जब प्रथम महायुद्ध हुआ तो ब्रिटिश सरकार के दबाव से फ्रांस की सरकार ने उन पर प्रतिबंध लगा दिया कि वह सप्ताह में एक बार पुलिस स्टेशन जाकर अपनी उपस्थिति की सूचना दें और उन्हें बोर्डो भेज दिया गया। वह बीमार पड़ गई पर जैसे ही वह स्वस्थ हुई, वैसे ही उन्होंने गुजराती, 'गदर' की प्रतियां संसार के सभी भारतीय क्रांतिकारियों को भेजनी शुरू कर दीं। जब युद्ध समापत हो गया, तो उन्होंने फिर अपना पुराना कार्यक्रम जारी रखा। यद्यपि वृद्धावस्था में श्रीमती कामा अधिक सक्रिय आंदोलन नहीं कर सकी परन्तु जब उनसे कहा गया कि वह भारत क्यों नहीं जाती तो उन्होंने कहा, "क्योंकि अंग्रेज मेरे पिछले कारनामों पर मुझसे लिखित क्षमा याचना चाहते हैं और यह भी प्रतिज्ञा कराना चाहते हैं कि भविष्य में मैं राजनीति में भाग न लूं।" जब उनसे कहा गया कि आपको ऐसा करने में क्या आपत्ति है। अब तो आप राजनीति के लिए बहुत वृद्ध हो चुकी है, तो उन्होंने बड़े जोश से उत्तर दिया, "नहीं मैं राजनीति में कभी भी बूढ़ी नहीं हो सकती। मैं भारत जाकर सब जगह राजनीतिक सभाओं में भाषण देना चाहती हूं।"

हीरे-जवाहरातों के जौहरियों की लाड़-प्यार में पली इस पारसी महिला ने फैशन के नगर पेरिस में कभी अच्छी साड़ी नहीं पहनी और न अच्छा फराक। वह चोगे जैसा एक लम्बा-सा लबादा पहने रहती थी। बोर्डो में पांच वर्ष की नजरबंदी की उनके स्वास्थ्य पर बुरा असर पड़ा था और उनके अंतिम दिन बड़ी गरीबी और बीमारी में गुजरे। वह 1936 में बम्बई लौटी और उसी वर्ष वहीं उनका देहांत हो गया। श्रीमती कामा की प्रेरणा से न केवल पारसी महिलाओं को बल्कि समस्त भारतीय नारियों को स्वाध ीनता संग्राम में सम्मिलित होने की प्रेरणा मिली।

जन-जन का गीत 'वन्दे मारतम्'

बन्दे मारतम् मात्र दो शब्द ही नहीं, न केवल राष्ट्रीय बल्कि यह वह उद्घोष है, जिससे समस्त देश के करोड़ों लोगों में देश पर मर मिटने की भावना नस-नस में दौड़ जाती है। एक शताब्दी से भी अधिक समय से 'वन्दे मारतम्' ने देशभक्ति की भावना जगाकर हमें स्वाधीन राष्ट्र के रूप में जीने का अमर संदेश दिया।

7 अगस्त, 1905 ई. कलकत्ता में टाउन हाल में बंग-भंग विरोध दिवस मनाने के लिए हुई ऐतिहासिक सभा में सम्मिलित होने के लिए जो लोग आए 'वन्दे मारतम्' गीत गाते हुए आए और इसमें बार-बार 'वन्दे मारतम्' का नारा गूंजता रहा। तभी से ब्रिटिश शासकों ने इसे विद्रोह का, बगावत का नारा करार दे दिया। इस दिन से हमारा बायकाट आंदोलन और स्वदेशी आंदोलन सर्वत्र फैलने लगा। विदेशी वस्तुओं का बहिष्कार होने लगा। लोग स्वदेशी वस्तुओं को अपनाने लगे। ब्रिटिश सरकार 'बंग-भंग आंदोलन से घबरा गई। छात्रों को इस आंदोलन से अलग रखने के लिए बंगाल के शिक्षा विभाग की ओर से एक परिपत्र जारी किया गया कि यदि कोई छात्र स्वदेशी आंदोलन में भाग लेगा या 'वन्दे मारतम्' का नारा लगायेगा तो उसे स्कूल से निकाल दिया जायेगा। लेकिन छात्र बिल्कुल भी नहीं डरे। अप्रैल, 1906 में नवगठित प्रांत 'पूर्व बंगाल' में बरीसाल में बंगला देश में एक विशाल सभा हुई। तब तक ब्रिटिश सरकार ने सार्वजनिक सभा सम्मेलन में 'वन्दे मारतम्' नारा लगाने पर प्रतिबंध लगा दिया था, पर भाग लेने वाले लोगों ने दिलेरी से पूरे जोश के साथ 'वन्दे मारतम्' का कई बार जयघोष किया। पुलिस वाले उन्हें बेरहमी से पीटते रहे, पर नारा बंद नहीं हुआ।

इन्हीं दिनों वन्दे मारतम् गीत व नारा बंगाल की सीमा लांघ कर सारे देश में फैलने लगा। 1905 में वाराणसी में भारतीय राष्ट्रीय कांग्रेस के अधिवेशन में 'वंदे मारतम्' को राष्ट्रीय अवसरों पर गाये जाने वाले गीत के रूप में अपनाया गया। इस अवसर पर गीत में थोड़ा-सा संशोधन किया गया कि सात करोड़ (जो बंगाल की जनसंख्या दर्शाता था) के स्थान पर 'तीस करोड़ (भारत की तत्कालीन जनसंख्या दर्शाने वाले) शब्द रखे जाएं।

नवम्बर, 1906 में धूलिया, महाराष्ट्र में जुलूस निकालते समय 'वन्दे मारतम्' का जयघोष करते रहे। 1908 में जब लोकमान्य बाल गंगाधर तिलक को गिरफ्तार करके माण्डले (वर्मा–अब म्यामांर) ले जाया जा रहा था तो अपार जन समूह 'वन्दे मारतम्' के नारे लगाता रहा जिस पर ब्रिटिश सरकार ने पाबंदी लगा दी थी। नारा लगाने पर लोगों की पुलिस ने पिटाई की और कुछ को गिरफ्तार कर लिया।

1907 में लाहौर में जब नवयुवकों ने स्वदेशी आंदोलन के नेताओं की गिरफ्तारी का विरोध करते हुए जुलूस निकाला तो उन्होंने 'वन्दे मारतम्' के नारे लगाये और पुलिस के दमन के शिकार हुए। फरवरी, 1908 में तूतीकोरन (तमिलाडु) की कोरल मिल के मजदूरों ने ब्रिटिश स्वामित्व वाली कंपनियों के खिलाफ निकाले जुलूस ने स्वदेशीकरण की भावना के प्रतीक के रूप में 'वन्दे मारतम्' के नारे लगाये और पुलिस के डण्डे खाये। तिरुनिवेल्ली में भी जुलूस निकला और 'वन्दे मारतम्' बोलने पर उनके साथ भी यही बर्ताव किया गया। वहां रह रहे अंग्रेजों को यह नारा लगाने पर विवश किया। कुछ ही समय बाद 'वन्दे मारतम्' देश की सीमा पार कर विदेशों में भी गुंजने लगा। 1901 में जब मदन लाल ढींगरा को एक ब्रिटिश को गोली मारने के अपराध के लिए सजा दी गई थी, तो उसने हंगलैंड से फांसी पर चढ़ते समय 'वन्दे मारतम्' का नारा लगाया था। 1909 में ही पेरिस में भारतीय देशभक्तों ने 'वन्दे मारतम्' नाम से पत्रिका का प्रकाशन शुरू किया था जिसके प्रवेशांक में कहा गया कि विदेशी अत्याचारों के विरुद्ध बंगाल में जो आंदोलन चलाया जा रहा है।

मृत्यु का बदला चुका लिया

लालाजी पर लाठियां सैन्डर्स ने बरसाई थीं और उसी लाठियों के आघातों से उनकी मृत्यु हुई है। हम सॉन्डर्स को मारकर लालाजी की मृत्यु का बदला चुकाएंगे। तुम खामोश बैठे रहो। मैं एक-दो दिन में पूरी योजना बनाए लेता हूं और उसमें जो भूमिका तुम्हें दी जाय, तुम वह अदा करना।

दो दिन पश्चात आजाद ने योजना को अन्तिम रूप दे दिया। उस योजना के क्रियान्वयन के लिए वे लोग 17 दिसम्बर, 1928 को डी.ए.वी. कॉलेज के सामने स्थित पुलिस कार्यालय पर पहुंच गए जहां असिस्टेन्ट, सुपरिन्टेडेण्ट पुलिस जे.पी. सैन्डर्स बैठता था।

डी.ए.वी. कॉलेज और पुलिस कार्यालय के बीच एक सड़क थी। इसी सड़क पर एक ओर जयगोपाल बैठ कर अपनी बिगड़ी हुई साइकिल को ठीक करने का अभिनय करने लगा। सैन्डर्स को पहचान कर बताना उसका काम था। सैन्डर्स के निकलने पर उसे खड़ा होना था। पुलिस कार्यालय के सामने भगत सिंह और राजगुरु खड़े होकर आपस में हंसी-मजाक करने लगे मानो वे कॉलेज के विद्यार्थी हों। वे जयगोपाल के संकेत की प्रतीक्षा कर रहे थे। कॉलेज के फाटक के खंभे की ओट में चन्द्रशेखर आजाद अपना माउजर जेब में डाले तैयार थे। उनका काम था कि सॉन्डर्स को मार कर जब भगत सिंह और राजगुरु लौटें और यदि कोई उनका पीछा करे तो, वे पीछा करनेवालों का मुकाबिला करें। तीसरे मोर्चे पर भगवान दास माहौर और विजय कुमार सिन्हा को इसलिए बिठाया गया था कि यदि मुकाबिला तगड़ा हो तो वे भी अपने साथियों के पक्ष में लड़ाई में कूद पड़े।

शाम के ठीक पांच बजे और जे.पी. सैन्डर्स अपनी मोटर साइकिल पर बैठ कर निकला। उसे पहचान कर साइकिल ठीक करता हुआ जयगोपाल अपने स्थान से उठ खड़ा हुआ। भगत सिंह और राजगुरु तैयार हो गए। भगत सिंह ने सोचा कि सैन्डर्स और निकट आ जाए, तब गोली चलाऊं। भगत सिंह की खामोशी का राजगुरु ने यह अर्थ लगाया कि शायद गोली चलाने का साहस नहीं जुटा पा रहा। राजगुरु उछलकर भगत सिंह के आगे पहुंच गया और सैन्डर्स पर गोली दाग दी। राजगुरु की गोली सैन्डर्स के मस्तक पर लगी और वह मोटर-साइकिल के साथ नीचे गिरा। इस ख्याल से कि

वह जीवित न बच जाय अब भगत सिंह ने भी उस पर अपनी पिस्तौल से चार-छह गोलियां दाग दी और सैन्डर्स की देह गोलियों से छलनी हो गई। इसी बीच भगत सिंह की अतिरिक्त मैगजीन जमीन पर गिर पड़ी। उसे उठाए बिना ही भगत सिंह वापस लौट पड़ा। राजगुरु ने जब देखा कि भगत सिंह की मैगजीन गिर गई तो वह उसे उठाने के लिए पीछे लौटा। उसे लौटते देख खंबे की ओट से आजाद ने चिल्ला कर कहा,

"इधर आ। वहां मरने क्यों जाता है।

भगत सिंह का मैगजीन उठा कर ही राजगुरु लौटा। इस बीच गोलियां चलने की आवाज सुनकर एक अन्य अंग्रेज पुलिस इंसपेक्टर फर्न झपट पड़ा। उसने देख लिया था कि एक आक्रमणकारी की पिस्तौल खाली हो चुकी है और दूसरे आक्रमणकारी की पिस्तौल जाम हो चुकी है। उसने भगत सिंह को जीवित पकड़ लेना चाहा। वह भगत सिंह के निकट पहुंच भी गया। राजगुरु ने भगत सिंह को आगे धक्का दे दिया फर्न की बाहों में खुद समा गया। भगत सिंह को सुरक्षित हुआ देख राजगुरु ने फर्न को अपने दोनों हाथों से पकड़ कर ऊपर उठा लिया और पूरी ताकत के साथ उसे जमीन पर दे मारा। फर्न की पक्की सड़क पर इतने जोर की पछाड़ लगी कि वह उठ ही नहीं सका।

अब तीन सिपाहियों ने भगत सिंह और राजगुरु का पीछा किया। आजाद ने पीछा करने वालों को ललकारा आजाद की ललकार सुनकर दो सिपाही तो पीछे लौट गए। लेकिन चनन सिंह नाम का हवलदार आगे बढ़ता गया। भगत सिंह आगे था। आजाद ने सोचा कि यदि मैं गोली चलाता हूं तो भगत सिंह और राजगुरु में से ही किसी को लगेगी क्योंकि हवलदार तो सब के पीछे था। फिर भी उन्होंने इतने कौशल से गोली चलाई कि भगत सिंह और राजगुरु को बचाती हुई उनकी गोली हवलदार चनन सिंह की जांघों को चीरती हुई निकल गई। चनन सिंह फिर भी नहीं रुका और उसने आक्रमणकारियों में से किसी एक को पकड़ लेना चाहा। अब आजाद ने गर्जना की, "मैं तो किसी हिन्दुस्तानी को मारना नहीं चाहता था लेकिन जब तू मरने पर ही तुला है तो ले मर!"

यह कहकर आजाद ने अपने माउजर-पिस्टल से चनन सिंह के सीने में गोली मार दी। चनन सिंह वहीं ढेर हो गया।

अब चन्द्रशेखर आजाद, भगत सिंह और राजगुरु तीनों ही कॉलेज के अहाते के अन्दर पहुंच गए और कुछ समय उन्होंने प्रतीक्षा की कि यदि कोई मुकाबला करने आए तो उससे निबटा जाय। जब कोई नहीं आया तो वे आगे बढ़ लिए। अपनी साइकिलें उन्होंने छिपाकर रख दी थी। साइकिलों पर बैठ कर वे मोजंग-हाउस पहुंच गए। अन्य साथी भी वहां सकुशल पहुंच गए। एक अत्यन्त सफल अभियान आजाद के नेतृत्व में संपन्न हो चुका था। अगले दिन लाहौर नगर की दीवारों पर पोस्टर चिपके हुए पाए गए, जिन पर लिखा था,

"लाला लाजपतराय के हत्यारे सैंन्डर्स को मार कर लाला जी की मृत्यु का बदला चुका लिया गया।"

क्रांति की चिनगारी

भारतीय स्वतंत्रता आन्दोलन सशस्त्र व अहिंसक संघर्षों का गंगा-जमुनी संगम है। अंग्रेजी साम्राज्यवाद के चरण भारतभूमि पर स्थिर होते ही भारतीय जनता अपने अस्तित्व की रक्षा के लिए छटपटाने लगी। सन 1757 के पलासी युद्ध से अंग्रेजों के विरुद्ध भारतीयों का संघर्ष आरंभ होता है। में पराजित होकर भारत चुप नहीं रहा। यहां के संन्यासी और फकीरों ने माला छोड़कर तलवार उठा ली। सन 1663-76 तक फकीरों के नेता शेख मजनूं ने राजशाही, रंगपुर, पूर्णिया, दीनाजपुर, पबना व ढाका में अंग्रेजी शासकों का शासन संभालना दूभर कर दिया। अन्त तक अंग्रेज प्रशासक उसे पकड़ नहीं सके। संन्यासी नेता भवानीपाठक तथा मोहनगिरि की ईस्ट इंडिया कम्पनी के सिपाहियों से काफी मुठभेड़ें हुई।

सन् 1757 से 1857 तक क्रांति की चिनगारियां सुलगती रहीं। अन्त में सन् 1857 में अंग्रेजों से संघर्ष के लिए देशव्यापी तैयारियां हुई। मंगल पाण्डे के बलिदान ने इसे आरंभ किया। उनके द्वारा लगाई गई क्रांति की आग दिल्ली और मेरठ की छावनियों तक पहुंची। मेरठ की विद्रोही सेना ने दिल्ली पर अधिकार कर बहादुरशाह जफर को पुनः दिल्ली के तख्त पर

आसीन कर दिया। पर आपसी फूट ने अंग्रेजों का शासन समूल नष्ट नहीं होने दिया। सन 1857 के सैनिक विद्रोह ने अंग्रेजी साम्राज्यवाद को जड़ से हिला दिया। नानासाहब पेशवा ने इस विद्रोह को दिशा दी। तीर्थयात्रा के बहाने सारे देश में घूमकर राजे-रजवाड़ों को अंग्रेजी साम्राज्यवाद के विरुद्ध संघर्ष के लिए प्रेरित किया। साधूवेशी गुप्तचरों ने अंग्रेज शासकों की आंखों में धूल झोंककर क्रांति मंत्र फूंकना आरम्भ कर दिया। रोटी और कमल एकता और बलिदान के प्रतीक बने। इस व्यापक सशस्त्र क्रांति ने अंग्रेजों को भयभीत कर दिया। परन्तु पहले की भांति देशद्रोहियों का पूरा लाभ अंग्रेजों को मिला और क्रांति चेष्टा असफल हो गई।

1857 के सैनिक विद्रोह असफल हो जाने पर भी अंग्रेजों का शोषण व दमन का चक्र भारतवर्ष की मुक्ति के लिए छटपटाहट को नष्ट नहीं कर सका। बंगाल में पुनः धार्मिक आवरण में बहावी क्रांति की ज्वाला धधक उठी। अंग्रेजों ने इसे भी निर्ममतापूर्वक दबा दिया। पंजाब में सिखों के एक सम्प्रदाय ने राम सिंह के नेतृत्व में सैन्य संगठन किया। ये कूका कहलाते थे। कूका लोगों ने सम्पूर्ण पंजाब के तेईस जिलों में अंग्रेजी सरकार के समानान्तर सरकार स्थापित की। अपरिपक्व स्थिति में ही योजना का भण्डाफोड़ हो जाने पर निर्दयतापूर्वक इसे दबा दिया गया।

इसके उपरान्त संगठित युद्ध न करके सशस्त्र क्रांतियां हुई। सन! 1905 में लार्ड कर्जन ने बंगभंग की घोषणा की। इस घोषणा से सारा बंगाल विक्षुब्ध हो उठा। विरोध में जन आन्दोलन हुआ क्रांतिकारियों ने शस्त्रों का मार्ग अपनाया। बम विस्फोट हुए। आतंकवाद द्वारा शासनव्यवस्था छिन्न-भिन्न कर व्यापक क्रांति को प्रेरित करना इनका लक्ष्य था।

सन् 1914 में जब विश्वयुद्ध चल रहा था। इंग्लैण्ड विश्वयुद्ध में व्यस्त था। तब मौके का फायदा उठाकर भारतीय क्रांतिकारियों ने व्यापक गोपनीय तैयारियों के साथ सेना और जनता को भड़काकर अंग्रेजी शासन की समाप्ति का लक्ष्य अपने सामने रखा। इस क्रांति के नेता बंगाल के महान क्रांतिकारी रासबिहारी बोस ने बंगाल, पंजाब व उत्तर प्रदेश में संगठन का अच्छा कार्य किया। शचीन्द्रनाथ सान्याल ने उनके साथ क्रांति संगठन का कार्य किया। प्रवासी भारतीयों ने इसको गतिशीलता दी। सन 1915 में 19 फरवरी को व्यापक विद्रोह के लिए छावनियों को तैयार कर लिया

गया था। पर सदा की भांति एक देशद्रोही कृपाल सिंह ने इस योजना का भंडाफोड़ कर दिया और दमनचक्र में तत्पर अंग्रेजों ने विप्लव आयोजन विफल कर दिया।

इसके बाद भगत सिंह एवं आजाद का युग आया। सन् 1925 से 1931 तक सरदार भगत सिंह और चन्द्रशेखर आजाद क्रांति के केन्द्र बिन्दु रहे। क्रांति की धाराएं इन्हीं से जुड़ी रही। क्रांतिकारियों का अखिल भारतीय संगठन हुआ। स्त्रियों ने भी इसमें महत्त्वपूर्ण भूमिका निभाई।

सन 1931 से 46 तक गांधी युग आया, जिसमें गांधीजी के नेतृत्व में जो अहिंसात्मक राष्ट्रीय आन्दोलन चल रहा था, उसमें वेग आया। राष्ट्रीय चेतना का प्रसार हुआ। क्रांतिकारी आन्दोलन कुछ तटस्थ हो गए। सन 1942 का जन आन्दोलन नरम-गरम दलों का समन्वित आन्दोलन है। इस बीच लोकमान्य तिलक जैसे गरमपंथी नेता हुए। नेताजी सुभाषचन्द्र बोस ने

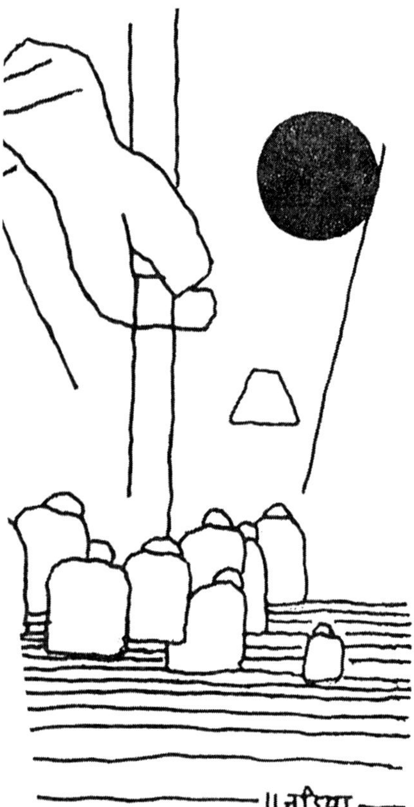

आजाद हिन्द सेना का अभियान चलाया। यद्यपि अभियान विफल रहा, पर उसका गहरा प्रभाव पड़ा। साम्राज्यवाद की नींव काफी कमजोर हो गई। सन् 1946 के नौ-सैनिक विद्रोह ने अंग्रेजी-शासन की उखड़ती जड़ को एक जबर्दसत धक्का दिया। थलसेना द्वारा विद्रोहियों से लड़ने से इंकार कर देने की घटना ने अंग्रेजों को बता दिया कि अब भारत से उन्हें जाना ही पड़ेगा। इसलिए तत्कालीन इंग्लैण्ड के प्रधानमंत्री एटली ने स्वीकार किया कि ब्रिटेन भारत को सत्ता हस्तांतरित इसलिए कर रहा है, क्योंकि भारतीय सेनाएं ब्रिटेन के प्रति वफादार

नहीं रही और ब्रिटेन इतनी विशाल सेना नहीं रख सकता जो भारत भूमि पर भारतीय सेनाओं को दबा सके।

वस्तुतः सशस्त्र सैनिक विद्रोह ने जनजागृति द्वारा ब्रिटिश साम्राज्यवाद की नींव को खोखला कर दिया था, जिससे अहिंसक आंदोलन के धक्कों से वह धराशायी हो गया।

राष्ट्रीय स्वातंत्र्य के लक्ष्य और आदर्श की रक्षा के लिए देशसेवकों–महापुरुषों के बलिदान को याद कर आज भारत के निर्माण व प्रगति की जिम्मेदारी हम सब के कंधों पर है। यदि हम देश की प्रगति के प्रति पूरी तरह समर्पित नहीं हो पाए तो देशसेवकों की बलिदानियों के प्रति अन्याय होगा।

उनका मकसद पूरा हुआ

नासिक के क्रान्तिकारी कलेक्टर जैक्सन की हत्या करने की योजना बना चुके थे। इस योजना को क्रियान्वित करने में सबसे अधिक उत्साह जिस नौजवान ने दिखाया था उसका नाम अनन्त लक्ष्मण कान्हरे था। कान्हरे औरंगाबाद का निवासी और अभिनव–भारत संस्था का सदस्य था। वह चाहता था कि जिस प्रकार लन्दन में मदनलाल धींगरा ने कर्जन वायली की हत्या की थी, वह भी उसी प्रकार जैक्सन की हत्या करके अंग्रेज लोगों को सिखाए कि भारतीय नौजवान किसी भी अन्याय का बदला लेने की क्षमता रखते हैं। किसी परिस्थिति से वह विचलित नहीं होगा, यह प्रमाणित करने के लिए कान्हरे ने जलती हुई चिमनी के ऊपर अपनी हथेली कर ली थी और दो मिनट तक वह जलती हुई लौ पर अपनी हथेली किए रहा था।

जैक्सन की हत्या का दिन, 21 दिसम्बर 1909 निश्चित किया गया था। उसका स्थानान्तर पूना हो चुका था और उसके कार्यालय के लोगों ने उसके विदाई समारोह के अन्तर्गत 21 दिसम्बर, 1909 को नासिक के विजयानन्द सभा–गृह में रात्रि को 'शारदा' नाम का नाटक अभिनीत करने का निश्चय किया गया था।

अनन्त लक्ष्मण कान्हरे और उसके सहयोगी सभा-भवन में पहले ही अपनी स्थिति ले चुके थे। उसके सहयोगियों में विनायक नारायण देशपाण्डे के घर पर क्रान्तिकारियों की बैठक हुई और वहीं सभी को हथियार वितरित किए गए। कान्हरे को एक ब्राउनिंग पिस्तौल दिया गया जो लन्दन से चतुर्भुज अमीन द्वारा लाया गया था। इसके अतिरिक्त उसे एक निकेल-प्लेटेड रिवॉल्वर भी दिया गया। यह तय किया गया कि यदि कान्हरे का निशाना चूकता है तो देशपाण्डे आक्रमण करेगा और उसके पश्चात् कृष्ण गोपाल कर्वे। जिस स्थान पर जैक्सन के बैठने की व्यवस्था की गई थी, उसके बहुत निकट ही कान्हरे ने अपनी स्थिति जमा रखी थी। वह उस स्थान पर बैठा हुआ था, जिस रास्ते को पार करके जैक्सन को अपने निश्चित स्थान पर पहुंचना था।

निश्चित समय पर जैक्सन सभा-गृह पहुंचा। वह आगे-आगे था और उसकी अगवानी करने वाले लोग उसके कुछ पीछे थे। जैसे ही वह कान्हरे के पास से निकला, कान्हरे ने अपनी पिस्तौल से एक गोली दाग दी। उसका यह निशाना खाली गया। तनिक भी देर किए बिना उसने दूसरी गोली दाग दी, जो जैक्सन की बांह में जाकर लगी। कुछ लोग तो यह समझे कि जैक्सन की अगवानी में पटाखे छोड़े जा रहे हैं। जब गोली खाकर जैक्सन भूमि पर गिरा तब लोगों की समझ में आया कि उसे गोलियों का निशाना बनाया गया है। जैक्सन के गिरने पर भी कान्हरे ने उसके शरीर पर कई गोलियां दागी और उसे छलनी कर दिया। कुछ लोग कान्हरे पर टूट पड़े और उसे गिरफ्तार कर लिया गया। जैक्सन की मृत्यु घटनास्थल पर ही हो गई। नासिक से विदा होने के स्थान पर वह इस दुनिया से ही विदा हो गया।

अस्पताल जाकर गोली दागी

बंगाल के पुलिस महानिरीक्षक की हत्या 29 अगस्त, 1930 को प्रातः सवा नौ बजे हुई थी। ढाका के क्रान्तिकारियों को सूचना मिली कि पुलिस महानिरीक्षक एफ. जे. लोमैन 29 अगस्त को ढाका पहुंच रहा है। इस

समाचार ने क्रान्तिकारियों को सक्रिय कर दिया। यह कैसे हो सकता था कि पुलिस महानिरीक्षक उनके नगर में पहुँचे और वे उनका स्वागत न करें। एफ. जे. लोमैन उन लोगों के बीच बहुत चर्चित व्यक्ति था। वह क्रान्तिकारियों के दिलों में रहा करता था, फूल की तरह नहीं– एक चुभते हुए कांटे की तरह। वे कांटे को रगड़ कर उसका अस्तित्व समाप्त कर देना चाहते थे। क्रान्तिकारियों की गुप्त बैठक हुई और योजना बन गई। लोमैन की हत्या का उत्तरदायित्व विनय बोस को दिया गया। उसे दो रिवाल्वर और काफी संख्या में कारतूस दिए गए।

नारायणगंज की जेल–पुलिस का सुपरिन्टेडेन्ट बीमार होकर ढाका के मिटफोर्ड अस्तपाल में पड़ा हुआ था। उसे देखने का ही कार्यक्रम पुलिस महानिरीक्षक ने बनाया था। वह ढाका पहुंचा और वहां के पुलिस सुपरिन्टेन्डेन्ट हॉडसन को साथ लेकर वह मिटफोर्ड अस्पताल जा पहुंचा। प्रातः सवा नौ बजे का समय था। अस्पताल के अहाते में पुलिस महानिरीक्षक एफ. जे. लोमैन ढाका के पुलिस सुपरिन्टेन्डेन्ट हॉडसन के साथ बातचीत कर रहा था कि एक नौजवान भागता हुआ उनके निकट पहुंचा और पचास फीट की दूरी से उन दोनों पर गोलियां दागने लगा। उसने अपने रिवाल्वर से पांच गोलियां दागी और उसकी एक भी गोली व्यर्थ नहीं गई। उसकी तीन गोलियां हॉडसन को लगी और दो लोमैन को। यह युवक क्रान्तिकारी विनय बोस था।

विनय बोस वहां आंधी की तरह पहुंचा और तूफान की भांति चला गया। एक व्यक्ति ने विनय बोस का पीछा किया। और उसका हाथ पकड़ भी लिया, पर तेज झटके के साथ अपना हाथ छुड़ाकर वह भाग निकला। भागता हुआ वह अस्पताल के अहाते की दीवार के पास पहुंचा जो उसके सीने तक की ऊंचाई की थी। पैरों के जूते और हाथ का रिवाल्वर उसके मार्ग में व्यवधान थे। उसके रिवाल्वर में एक गोली शेष थी। वह उसने पीछा करने वालों को धमकाने के लिए चला दी और खाली रिवाल्वर उसने वहीं पटक दिया। जूते भी उसने वहीं छोड़े। दीवार पर दोनों हाथ रखकर उसने इस तरह छलांग लगाई जैसे वह घोड़े पर सवार हो रहा हो। दीवार पर चढ़कर वह दूसरी ओर फांद गया। कुछ लोग फिर भी उसका पीछा करते रहे। वह अपने दूसरे रिवाल्वर की सहायता से पीछा करने वालों को दूर रखता गया। अन्ततोगत्वा वह भाग निकलने में सफल हो गया।

पुलिस को इस बात की खिसियाहट थी कि वह हत्यारे को पकड़ नहीं सकी। खिसियानी बिल्ली खम्भा नोचे वाली कहावत ढाका पुलिस ने चरितार्थ कर दिखाई। उसने आरोप लगाया मेडीकल–कॉलेज के छात्रावासियों ने हत्यारे को भगाने में सहायता की है। छात्रावास में रहने वाले पचास लड़कों को पकड़ कर पुलिस ने इतनी पिटाई की कि उन्हें अस्पताल में भरती किया गया।

क्रांति की चिनगारी बुझने न देना

जिस हडसन ने सम्राट बहादुरशाह जफर को गिरफ्तार किया था और उनके शहजादों का कत्ल करके उनका चुल्लू में भरकर खून पिया था, वही हडसन बन्दी नाहर सिंह के सामने पहुंचा और अंग्रेजों की ओर से उनके सामने मित्रता का प्रस्ताव रखा। वह नाहर सिंह के महत्त्व को समझता था। मित्रता का प्रस्ताव रखते हुए बोला, "नाहर सिंह मैं तुम्हें फांसी से बचने हेतु कह रहा हूं कि थोड़ा झुक जाओ।"

नाहर सिंह ने हडसन का अपमान करने की दृष्टि से उसकी ओर पीठ कर ली और उत्तर दे दिया, "नाहर सिंह वह राजा नहीं है जो अपने देश के शत्रुओं के आगे झुक जाय। अंग्रेज लोग मेरे देश के शत्रु हैं। मैं उनसे क्षमा नहीं मांग सकता। एक नाहर सिंह न रहा तो क्या, कल लाख नाहर सिंह पैदा हो जाएंगे।"

मेजर हडसन इस उत्तर को सुनकर बौखला गया। बदले की भावना से अंग्रेजों ने राजा नाहर सिंह को खुले आम फांसी पर लटकाने की योजना बनाई। जहां आजकल चाँदनी चौक फब्बारा है, उसी स्थान पर वध-स्थल बनाया गया जिससे बाजार में चलने-फिरने वाले लोग भी राजा को फांसी पर लटकता हुआ देख सकें। उसी स्थान के पास ही तो राजा नाहर सिंह का दिल्ली स्थित आवास था।

अंग्रेजों ने जान बूझकर राजा नाहर सिंह को फांसी देने के लिए वह दिन चुना, जिस दिन उसने अपने जीवन के 35 वर्ष पूरे करके 36वें वर्ष में प्रवेश किया था। राजा ने फांसी का फन्दा गले में डाल कर अपना जन्म दिन मनाया। दिल्ली की जनता ने गर्दन झुकाए हुए अश्रुपूरित नयनों से अपने लोकप्रिय राजा को फन्दे पर लटकता हुआ देखा।

फांसी पर झुलाने के पूर्व हडसन ने राजा से पूछा था, "तुम्हारी आखिरी इच्छा क्या है?"

राजा का उत्तर था, "मैं तुमसे और अंग्रेजी राज्य से कुछ मांग कर अपना स्वाभिमान नहीं खोना चाहता हूं। मैं तो अपने सामने खड़े हुए अपने देशवासियों से कह रहा हूं, 'क्रान्ति की इस चिनगारी को बुझने न देना।" (1857)

डकैती एवं पुलिस से छीन कर अस्त्र-शस्त्र एकत्रित किए

अल्लूरी सीताराम राजू ने अपना बैरागी का बाना छोड़ दिया और मन्दिरों में धार्मिक उपदेश देना और कीर्तन करना बन्द कर दिया। उसने प्रदेश की

जंगली जातियों को एकत्र कर उन्हें सेना के रूप में परिणत करने का काम प्रारम्भ कर दिया। राजू का सैन्य-संगठन दिन-दूना और रात-चौगुना बढ़ने लगा। ग्रामीण क्षेत्रों में वह देवता की तरह पूजा जाता था। अपने लोगों की भलाई और सामाजिक हितों के लिये वह अपनी चिन्ता किये बिना कार्य करता आया था। लोगों ने उसके राजनैतिक विचारों पर भी विश्वास किया और उसकी सेना में भर्ती होने लगे।

कलेक्टर के घर में पला हुआ बालक इस प्रकार बागी बन गया। विशाखापटनम के एक गांव में 4 जुलाई, 1897 को जन्मे इस बालक ने जिस प्रकार अपने ही प्रयास से संस्कृत और अंग्रेजी का ज्ञान प्राप्त किया था, उसी प्रकार वह अपने ही प्रयास से सेना का निर्माण और अस्त्र-शस्त्र का संचालन कर रहा था। अब सम्पूर्ण रम्पा क्षेत्र उसकी क्रान्तिकारी गतिविधियों का केन्द्र बना हुआ था।

राजू के सामने समस्या थी अपनी सेना के लिए हथियार जुटाने की। यद्यपि उन लोगों के पास तीर-कमान थे, पर इनके बल पर सुसज्जित पुलिस फौज का मुकाबला तो नहीं किया जा सकता। आग्नेय अस्त्र प्राप्त करने के दो ही साधन हो सकते थे– डकैती के धन से उन्हें खरीदना या पुलिस से छीनना। राजू ने इन दोनों साधनों से ही अस्त्र-शस्त्र एकत्र किए।

सबसे पहले बड़ा हमला राजू ने रम्पा क्षेत्र के चिन्तापल्ली पुलिस थाने पर किया। इस अभियान में उसके साथ 300 साथी थे। इस थाने पर किए गये हमले से राजू ने बहुत-सी राइफलें लूट लीं। उसके साथियों के पास अब पुलिस जैसे ही अस्त्र थे। दूसरा हमला उसने कृष्णा देवी पैठ के थाने पर किया। यहां से भी उसने बहुत हथियार लूटे। थाने लूटने का उसका क्रम निरन्तर आगे बढ़ता रहा।

राजू की इन हरकतों से अंग्रेजी शासन के कान खड़े हो गए। अभी तक उसे मामूली डाकू समझा जाता था। जब शासन को मालूम हो गया कि वह सुसज्जित सेना के साथ अंग्रेजी राज्य को उखाड़ने पर उतारू है। उसे समाप्त करने के लिए स्कॉट और आयर नाम के दो अंग्रेज लेफ्टिनेन्ट नियुक्त किए गए। इन अफसरों की सेना से 24 सितम्बर, 1922 को राजू का मुकाबला हुआ। दोनों और से गोलियाँ चलीं। इस मुठभेड़ में स्कॉट और आयर दोनों ही मारे गए। कई सैनिक भी खेत रहे।

अपनी इस सफलता से उत्साहित होकर राजू ने कई इश्तिहार उस क्षेत्र

में इस आशय के लगाए कि अंग्रेजों को आन्ध्रभूमि छोड़कर चले जाना चाहिए। अंग्रेज लोग ऐसे जाने वाले थोड़े ही थे। उन्होंने राजू के विरुद्ध अपना अभियान और तेज कर दिया। उसे पकड़ने या मारने वाले को दस हजार रुपए का पुरस्कार घोषित किया गया। सारे जंगली क्षेत्र में तार और बेतार सेवाएं प्रारम्भ कर दी गई। राजू की गतिविधियों पर अंकुश लगाने के लिए लाखों रुपए फूंके गए।

मंपा नामक पहाड़ी तलहटी में पानी से जब राजू शरीर पर लगे धब्बे धो रहे थे तब जासूसों के सहारे उनका पता लगा लिया गया। गुडाल के नेतृत्व में फौजी दल ने उन्हें घेर लिया। अंधाधुंध गोलियां चला दीं। राजू के मुंह से निकला 'वंदे मारतम्'। 7 मई, 1924 को देशभक्त राजू का अंत कर दिया गया।

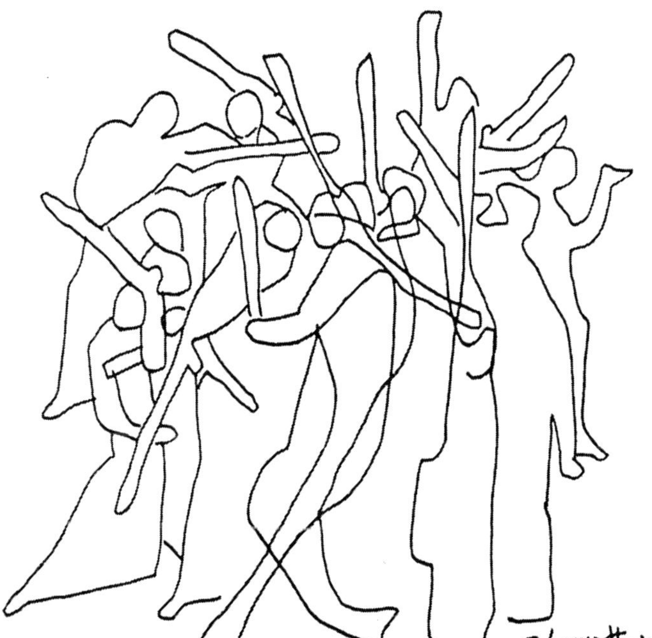

जो सोचा वह करके दिखाया

1 जुलाई, 1909 को 'इण्डियन-नेशनल-एसोशियन' का वार्षिकोत्सव मनाया जाने वाला था। मदनलाल कुमारी ऐमा जोसेफाइल बैक से मिला और उसे यह जानकर हर्ष हुआ कि कर्जन वायली भी उत्सव में सम्मिलित होने वाला है।

1 जुलाई, 1909 को गुरुवार का दिन था। उस दिन मदनलाल ने अपना सायंकालीन भोजन कुछ पहले ही कर लिया और वह निशानेबाजी के क्लब में जा पहुंचा। उस दिन उसने अभ्यास के लिए बाहर निशाने लगाए जिनमें से सभी ठीक बैठे। उसे बहुत आत्म-संतोष हुआ।

निशानेबाजी के क्लब से मदनलाल अपने कमरे पर पहुंचा और अपने कपड़े बदले। एक बढ़िया सूट पहन कर उसने टाई लगाई और सर पर आसमानी रंग का साफा बांधा। आंखों पर उसने एक गहरे रंग का चश्मा लगाया। दोनों भरे हुए रिवाल्वर उसने होशियारी के साथ जेबों में डाले और दो चाकू भी अपने साथ रख लिए। स्वतन्त्रता की देवी के लिए शत्रु का बलिदान देने की पूरी तैयारी के साथ वह घर से चल दिया।

'भारतीय-राष्ट्रीय-संस्थान' का वार्षिकोत्सव इंपीरियल इंस्टीट्यूट के जहांगीर हॉल में होने वाला था। मदनलाल वहां रात्रि के आठ बजे जा पहुंचा। वह संस्था की सचिव कुमारी ऐमा से मिला। मदनलाल के आगमन से वह बहुत प्रसन्न हुई। संस्था के अन्य सदस्यों के साथ भी वह हंस-हंसकर बातचीत करता रहा, पर उसका ध्यान हमेशा प्रमुख द्वार की ओर रहा, जिधर से कर्जन वायली आने वाला था। उत्सव के छिट-पुट सांस्कृतिक कार्यक्रम चलते रहे।

रात्रि के दस बजे कर्जन वायली सपत्नीक वहां पहुंच गया। उसके पहुंचने से सभा में हर्ष की हिलोर दौड़ गई। उत्सव के कार्यक्रम ग्यारह बजे समाप्त हुए। वह कुछ भारतीय नौजवानों से मिलता रहा। मदनलाल को देखकर उसने हाथ उठाकर 'हैलो' कहा। अवसर का लाभ उठाकर मदनलाल उसके बिलकुल निकट पहुंच गया। वायली मंच की सीढ़ी पर खड़ा था। मदनलाल ने उससे कुछ कहना चाहा। कर्जन वायली कुछ झुका और उसने अपना कान मदनलाल के मुंह के निकट कर दिया।

इससे अच्छा अवसर उसे और कब मिलता। मदनलाल ने झट से अपना पिस्तौल निकाला और वायली के सीने में गोलियां दाग दी। वायली चीख के साथ सीढ़ियों पर लुढ़क गया। मदनलाल ने तीन गोलियां कर्जन वायली के चेहरे पर भी दाग दीं। उसकी एक आंख बाहर निकल पड़ी और चेहरा विकृत हो गया। उसे गिरा हुआ देख कावसजी लालक्का नाम का एक भारतीय पारसी उसे पकड़ने के लिए लपका। मदनलाल ने पिस्तौल की आखिरी गोली उसके ऊपर खाली कर दी। लालक्का भूमि पर गिर पड़ा। इस बीच कई लोग झपट पड़े और उन्होंने मदनलाल को दबोच लिया। उसके पास एक भरा हुआ रिवाल्वर व दो चाकू और निकले। वह किसी और की जान लेना ही नहीं चाहता था। कर्जन वायली घटनास्थल पर ही मर गया और कावसजी लाल्का की मृत्यु कुछ दिन पश्चात अस्पताल में हो गई।

इसी बीच पुलिस घटना-स्थल पर पहुंच गई और उसने मदनलाल धींगरा को गिरफ्तार कर लिया। मदनलाल इतना शान्त था जैसे कुछ हुआ ही नहीं। उसका चश्मा गिर पड़ा था। उसने वह उठाया और पोंछ कर आंखों पर चढ़ा लिया। एक डॉक्टर भी बुलाया गया। डॉक्टर ने मदनलाल की धड़कनों और नाड़ी की जांच की। दोनों की गतियां बिलकुल सामान्य पाई गई। उलटा वह डॉक्टर ही सर से पैर तक कांप रहा था। गिरफ्तार हो जाने पर मदनलाल ने इतना कहा कि मैं कावसजी लालक्का को मारना नहीं चाहता था। स्वयं को बचाने के लिए ही मैंने उसे मारा है। मदनलाल एक लिखित वक्तव्य भी अपनी जेब में रखकर ले गया था। तलाशी के समय वह वक्तव्य पुलिस के हाथ लग गया और पुलिस ने उसे कहीं छिपा दिया। मदनलाल ने एक दूरदर्शिता यह की थी कि वह उस वक्तव्य की एक प्रति उसने सावरकर के पास छोड़ दी थी।

अगले ही दिन लन्दन के सभी समाचार-पत्रों में कर्जन वायली के वध के समाचार प्रकाशित हो गए। सारा इंग्लैण्ड स्तब्ध रह गया। इस समाचार को भारत पहुंचने में भी देर नहीं लगी। देश-भक्त भारतीयों और क्रान्तिकारियों के वक्ष गर्व से फूल गए।

प्रलय मचाने वाला क्रांतिवीर

तात्या टोपे की योजनाओं का मूल्यांकन करते हुए "लन्दन टाइम्स" के संवाददाता ने लिखा था :-

"हमारा अत्यंत अद्‌भुत मित्र तात्या इतना कष्ट देने वाला और चालाक शत्रु है कि उसकी प्रशंसा के लिए शब्द कम पड़ेंगे। पिछले जून के मास में उसने मध्य भारत में तहलका मचा रखा है। उसने हमारे स्थानों को रौंद डाला। खजानों को लूट लिया। हमारे मैगजीनों को खाली कर दिया है। उसने सेनाएं इकट्‌ठी कर ली हैं और खाइयां खोदी हैं। लड़ाइयां लड़ देशी नरेशों की तोपें छीन ली हैं और तोपों को खो दिया है और फिर तोपें प्राप्त की हैं। उसकी यात्रा विद्युत के समान तेज गति से होती है- "कभी नर्मदा के इस पार, कभी उस पार। वह तीस-तीस और चालीस-चालीस मील प्रतिदिन चला है। हमारे सैन्य-दलों के कभी वह बीच से निकल गया, कभी पीछे से, कभी सामने से, कभी पहाड़ों पर से, कभी नदियां पर से, कभी नदियां में से, कभी घाटियों में से, कभी दलदलों में से, कभी आगे से, कभी पीछे से और कभी घूमकर। वह फिर भी हाथ नहीं आया।"

आक्रमण करते समय तांत्या टोपे सैन्य सहित सिंह जैसा छटपटता और शत्रु सेना को गीदड़ों की भांति विदीर्ण कर देता। घिर जाने पर वह इस प्रकार निकल भागता जैसे शरीर में से प्राण। वीरवर तांत्या की समस्त यात्राओं, उसकी कूटनीतिक चालों तथा उसकी विजयों तथा पराजयों का ब्यौरा लिखना संभव नहीं है।

ऐसा वीर था तात्या

18 अप्रैल, 1859 को अपरान्ह के चार बजे तात्या को वधस्थल ले जाया गया। तात्या ने अंग्रेज अधिकारियों से एक बात दुबारा कहीं कि उसके वृद्ध पिता को किसी भी प्रकार से त्रस्त न किया जाए क्योंकि वे पूर्ण रूप से निर्दोष हैं।

बड़े नि:संकोच और निर्भीक भाव से तात्या सीढ़ियां चढ़कर मृत्यु-मंच पर आ पहुँचा।

आँखें ढ़कने के लिये जब उसे टोप पहनाया जाने लगा तो उसने कहा, "इसकी कोई आवश्यकता नहीं है, मैं अपनी मौत को आमने-सामने देखने

के लिये तैयार हूँ।" उसे टोप नहीं पहनाया गया। उसके हाथ पैर भी नहीं बांधे गये। तात्या ने फांसी का फन्दा स्वयं खींचकर अपने गले में डाल लिया। फन्दा कसा गया, मेंडल खींचा गया और झटके के साथ वह तख्ता नीचे गिर गया जिस पर तात्या खड़ा था। उसकी देह रस्सी के सहारे झूल रही थी। उसके प्राण-पखेरू उड़ चुके थे। उसका पार्थिव शरीर रस्सी के सहारे सूर्यास्त तक झूलता रहा।

अंग्रेज अफसर तात्या के सर से बाल निकालकर ले गये। इंग्लैंड ने आज तक तात्या के बालों का प्रदर्शन करके उनकी वीरता की कहानियां कहीं और सुनी जाती हैं।

उसके नाम से कांपते थे

अंग्रेज तात्या को पकड़ना चाहते थे, पर तात्या कभी यहां दिखते, तो कभी वहां। अंग्रेजों में उनका इस कदर खौफ था कि वे उनके नाम से कांप जाते थे। तात्या खुंखार शेर की तरह लड़ते। सिर्फ थोड़े ही समय में उन्होंने अंग्रेजों से करीब ड़ेढ़ सौ बार युद्ध किया। उनकी तलवार ने कई सेनापतियों का सिर कलम किया और हजारों की अंग्रेजी फौज को घूटने टेकने पड़े। विद्रोह लगभग खत्म हो जाने के बाद भी तांत्या अंग्रेजों को आतंकित करते रहे। जब वह जंगल में छिपे थे, तब उनके दोस्त मान सिंह ने जागीर के लालच में विश्वासघात किया और तात्या अंग्रेजों के हाथ लग गए। हत्या और लूट का मुकदमा चलाकर अंग्रेजों ने उन्हें 18 अप्रैल, 1859 को फांसी दे दी।

रक्त मिश्रित पानी पी गया

पुलिस चाहती थी कि इन क्रान्तिकारियों के वे साथी भी पकड़े जाएँ जो छापा मारने के समय भाग गए थे। इस कार्य के लिए एक विशेष व्यक्ति को तैनात किया गया। पुलिस विभाग ने यह काम खुफिया विभाग के विशेष पुलिस अधीक्षक श्री भूपेन्द्रनाथ चटर्जी को सौंपा। भूपेन्द्र चटर्जी एक

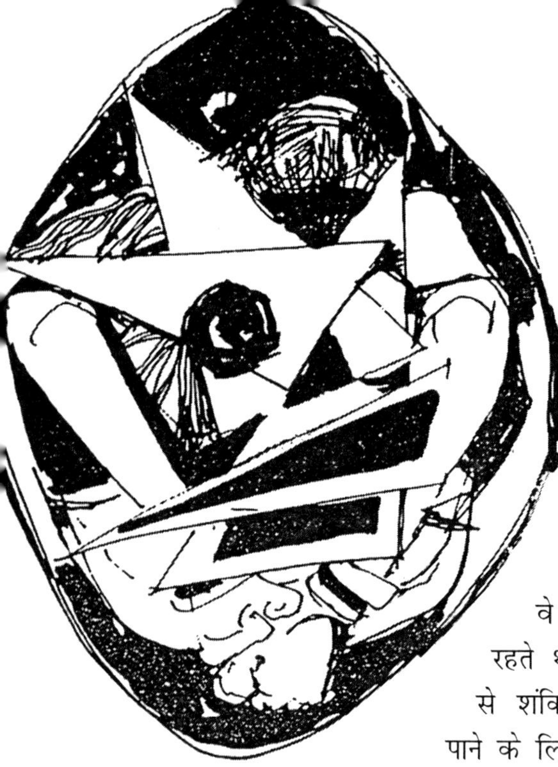

चालाक अफसर था। उसकी आदत थी कि ऑफिस का समय समाप्त होने के पश्चात् वह जेल का एक चक्कर लगाया करता था।

भूपेन्द्र चटर्जी क्रान्तिकारियों में फूट डालकर उन्हें पतित करने का भी प्रयत्न किया करता था। क्रान्तिकारी लोग उसके मन्तव्य को समझते थे और वे उसकी चालों को विफल करते रहते थे, फिर भी वे उसकी धूर्तता से शंकित रहते थे। उससे छुटकारा पाने के लिए उन्होंने यही तय किया कि किसी दिन मौका पाकर उसे खत्म कर दिया जाए। भूपेन्द्र भी इस आशंका से बे-खबर नहीं था और अपनी सुरक्षा का वह पूरा ध्यान रखता था।

वह 28 मई, 1926 की संध्या थी जब भूपेन्द्रनाथ चटर्जी जेल-निरीक्षण के लिए निकला। जो कोठरी सामने पड़ती, वह उसमें बन्द कैदियों को पुकारता और उनसे कुछ न कुछ बात करता जा रहा था। बम काण्ड के अभियुक्त अनन्तहरि और उसके साथियों ने उस पर दांव अजमाना चाहा। उन्होंने अपने बम-बैरक के बार्डर से प्रार्थना की कि हमारी एक धोती जो सूखने के लिए डाली गई थी, वह बाहर नाली में गिर गई है और यदि आप ताला खोल दें तो हम में से कोई वह धोती उठा लाए। वार्डर ने उनकी बात मान ली और कोठरी का ताला खोल दिया, ज्योंही उसने ताला खोला अनन्तहरि ने लोहे का डंडा भूपेन्द्र के सिर मारा इससे खोपड़ी का कचूमर निकल गया और वह गिरकर बेहोश हो गया। उसके पश्चात भी उसपर इतने प्रहार किये गये कि वह जीवित न बच सके। उसे वहीं छोड़कर वे लोग अपने कोठरी में आ गए और वार्डर को इस बात की चेतावनी के

साथ छोड़ दिया कि यदि तूने किसी को यह बात बताई तो अवसर पाकर हम तुझे भी मार डालेंगे। वार्डर भागकर वहाँ पहुँचा जहाँ सूचना देने के लिए घण्टा लटकता रहता था। उसने जोर-जोर से घण्टा बजाना प्रारम्भ कर दिया। इसी बीच कोठरी के क्रान्तिकारियों ने हत्या के निशान मिटा दिए। अनन्तहरि मित्र का लोहे का डण्डा और उसके हाथ खून से सन गए थे। उसने झपटपट अपनी थाली में अपने हाथ धो डाले और लोहे का डण्डा भी धो डाला। अब समस्या थी कि रक्त-मिश्रित पानी कहाँ फेंके। जिस प्रकार भीमसेन दु:शासन का रक्त पी गया था, उसी प्रकार अनन्तहरि मित्र वह रक्त-मिश्रित पानी पी गया और हत्या का निशान भी उसने नष्ट कर दिया। मसहरी के लोहे के डण्डे भी यथा-स्थान लगा दिए गए।

फाँसी के पहले कविताएं लिखीं

जनता की ओर से फाँसी वालों की फाँसी रद्द करने के लिए एक विराट आन्दोलन खड़ा कर दिया गया। केन्द्रीय असेम्बली में मेम्बरों ने एक दरख्वास्त पर दस्तखत करके बड़े लाट साहब के सामने पेश किया। दो दफे फाँसी की तारीखें टलवाई गई। इससे लोगों ने समझा कि शायद अन्त तक इन लोगों को फांसियाँ नहीं हों। ब्रिटिश साम्राज्यवाद, जो इन लोगों के खून का प्यासा था, वह भला कैसे अपनी प्यास को बिना बुझाए रह सकता था। फासियां होकर ही रहीं।

पंडित रामप्रसाद को गोरखपुर जेल में 19 दिसम्बर को फांसी हुई। फांसी के पहले वाली शाम को (18 दिसम्बर) जब उन्हें दूध पीने के लिए दिया गया, तो उन्होंने यह कहकर इन्कार कर दिया कि अब तो माता का दूध पीऊंगा। प्रात:काल नित्यकर्म, संध्यावन्दन आदि से निवृत्त हो माता को एक पत्र लिखा, जिसमें देशवासियों के नाम सन्देश भेजा और फिर फाँसी की प्रतीक्षा में बैठ गए। जब फाँसी के तख्ते पर ले जाने वाले आए; तो वे "वन्दे मारतम्" और "भारत माता की जय" कहते हुए तुरन्त उठकर चल दिए। चलते समय उन्होंने यह कहा-

मालिक तेरी रजा रहे और तू ही तू रहे,
बाकी न मैं रहूं, न मेरी आरजू रहे।
जब तक कि तन में जान, रगों में लहू रहे,
तेरा हो जिक्र या तेरी ही जुस्तजू रहे।।

फांसीघर के दरवाजे पर पहुंचकर उन्होंने कहा, "मैं ब्रिटिश साम्राज्य का विनाश चाहता हूं।" उसके बाद तख्ते पर खड़े होकर प्रार्थना के बाद "विश्वानि देव सवितर्दुरितानि...." आदि मन्त्रों का जाप करते हुए गोरखपुर की जेल में वे फंदे में झूल गए।

फांसी के वक्त जेल के चारों ओर बहुत कड़ा पहरा था। गोरखपुर की जनता ने उनके शव को लेकर आदर के साथ शहर में घुमाया। बाजार में अर्थी पर इत्र तथा फूल बरसाए गए और पैसे लुटाए गए। बड़ी धूमधाम से उनकी अन्त्येष्टि क्रिया की गई। फांसी के कुछ दिन पहले उन्होंने अपने एक मित्र के पास एक पत्र भेजा था। उसमें उन्होंने लिखा था-

"19 अगस्त, 1927 को जो कुछ होने वाला है, उसके लिए मैं अच्छी तरह तैयार हूं। यह है ही क्या केवल शरीर का बदलना मात्र है। मुझे विश्वास है कि मेरी आत्मा मातृभूमि तथा उसकी दीन सन्तति के लिए नये उत्साह और ओज के साथ काम करने के लिए शीघ्र ही फिर लौट आएगी।"

यदि देश हित मरना पड़े मुझको सहस्रों बार भी।
तो भी न मैं इस कष्ट को निज ध्यान में लाऊं कभी।।
हे ईश, भारतवर्ष में शत बार मेरा जन्म हो।
कारण सदा ही मृत्यु का देशोपकारक कर्म हो।
मरते बिस्मिल रोशन लहरी, अशफाक अत्याचार से।
होंगे पैदा सैकड़ों उनके रुधिर की धार से।
उनके प्रबल उद्योग से उद्धार होगा देश का।
तब नाश होगा सर्वदा दुख शोक के लवलेश का।
सबसे मेरी नमस्ते कहिए।"

नीचे लिखी हुई कविता पंडित जी ने जेल में बनाई थी और सैयद ऐनुददीन की अनुमति लेकर लखनऊ के 'अवध' अखबार में छपाई थी। इस कविता में भी एक शहीद-हृदय का पता लगता है। इसलिए उसे हम यहां उद्धृत करते हैं-

मिट गया जब मिटने वाला फिर सलाम आया तो क्या?
दिल की बरबादी के बाद उसका पयाम आया तो क्या?
काश अपनी जिन्दगी में हम ये मंजर देखते,
यूं सरे तुरबत कोई महशर खराम आया तो क्या?
मिट गई जुमला उमीदें, जाता रहा सारा खयाल,
उस घड़ी फिर नामबार लेकर पयाम आया तो क्या?
ऐ दिले नाकाम मिट जा, अब तो कूचे-मार में,
फिर मेरी नाकामियों के बाद काम आया, तो क्या?
आखिरी शव दीद के काबिल थी, ''बिस्मिल'' की तड़प,
सुबह दम गर कोई भी बालाए बाम आया तो क्या?

खून का बदला खून से

लन्दन के एक न्यायालय ''ओल्ड बेली क्रिमिनल कोर्ट'' में खचाखच भरी हुई दर्शक-दीर्घाओं के लोग उत्सुकता से प्रतीक्षा कर रहे थे, उस नरसिंह को देखने के लिए जिसने इंग्लैण्ड की भूमि पर दिन-दहाड़े एक उच्च अंग्रेज अफसर का खून बहाकर भारत के खून का बदला चुका लिया।

न्याय-मंदिर के काष्ठ-कक्ष में खड़े हुए एक भीमकाय व्यक्ति ने जब विजेता की भांति चारों ओर दृष्टि दौड़ाई तो दर्शकों में कानाफूसी प्रारंभ हो गई,

"अरे यह तो सदेह काजल का पहाड़ जैसा लगता है।"

"इसे देखकर हिन्दुस्तान के शेर देखने की इच्छा नहीं रह जाती।

"यह हत्यारा तो बिलकुल नहीं लगता।"

"मौत के मुंह में जाते हुए भी कितना प्रसन्न है।"

ऐसे ही जाने कितने विचार अधर-कूप से निकलकर कर्ण-खाइयों में कदूते रहते यदि न्याय-देवता अपनी चौकी पर गदा का आघात करके ''ऑर्डर! ऑर्डर! का गर्जनाघोष न करते।

जीवन और मृत्यु के वाक्‌युद्ध के प्रति तटस्थ भाव दिखाते हुए

अपराधी की ओर देखकर न्यायाधीश ने पूछा, "मिस्टर ऊधम सिंह तुम्हें कुछ कहना है?"

जिस समय अदालत के कटघरे में खड़ा करके जज ने बयान लिए उस समय इस युवक की निर्भीकता देखते ही बनती थी। जज ने पूछा, "तुमने सर माइकेल ओ'डायर को क्यों मार डाला? उनसे तुम्हारी क्या दुश्मनी थी?"

ऊधम सिंह बोला, "मैंने जलियांवाले बाग का हत्याकाण्ड अपनी आंखों स्पष्ट देखा था। हजारों नर-नारियों और बच्चों को मौत के घाट उतरते भी देखा था। मैं भी एक व्यक्ति हूं, इसका प्रभाव मेरे ऊपर वही पड़ा, जो एक देशभक्त पर पड़ना चाहिए। उसी समय मैंने यह प्रण किया था कि जनरल डायर को किसी भी प्रकार मौत के घाट उतारूंगा। लेकन जब तक मैं यहां पहुंचा उससे पूर्व ही वह अपनी मौत मर चुका था। अब केवल ले. गवर्नर सर माइकेल ओ'डायर ही ऐसा व्यक्ति था, जिससे उन खूनों का बदला लिया जा सकता है। दोनों ही व्यक्ति मेरे लिए घृणा के पात्र थे। यही नहीं, यह अंग्रेजी राज्य भी मेरे लिए घृणा का पात्र है।"

जज ने पुछा, "तुम गत बीस वर्षों से इस बात को अपने हृदय से क्यों नहीं निकाल सके?"

ऊधम सिंह बोला, "जी हाँ! यह बात मेरे लिए असम्भव ही थी। मैं इसे भूल ही नहीं सकता था क्योंकि मैं अपनी आंखों से उस सारी घटना को देख चुका था। भयानक दमन और अत्याचार को हृदय से कभी भूल नहीं सके थे। आज 21 वर्ष बाद मुझे हर्ष है कि मैंने अपने प्राणों की बाजी लगाकर इस हत्या-काण्ड का बदला ले लिया है। मैं यह समझता हूं कि मैं अपनी मातृ-भूमि के चरणों में अपने प्राणों की तुच्छ भेंट प्रस्तुत कर सका हूं।

इंग्लैण्ड को लगा, जैसे हिन्दुस्तान सब कुछ भूल गया है। पर यह उसकी भूल थी। इस हत्याकांड का बदला लेने का संकल्प एक ऐसे बालक ने किया जो हत्याकाण्ड का प्रत्यक्षदर्शी था और उस समय उसकी उम्र केवल बारह वर्ष की थी। वह बालक ऊधम सिंह था। बड़े होने पर बदला लेने के विचार से वह इंजीनियरिंग की शिक्षा प्राप्त करने इंग्लैण्ड जा पहुंचा।

इंग्लैण्ड में अंग्रेजी सरकार के जज ने 12 जून, 1940 को नवयुवक ऊधम सिंह को प्राणदण्ड देने का फैसला दिया। ऊधम सिंह को फांसी के

तख्ते पर चढ़ा दिया गया। मातृभमि पर सिर चढ़ाने वाले इस शहीद की अमर गाथा कभी भुलाई नहीं जाएगी।

वह स्वयं किसी लपट से कम नहीं थी

"लड़की! अभी तुम्हारी उम्र ही क्या है? तुम अपना जीवन नष्ट करने पर क्यों तुली हुई हो। क्रांतिकारियों के भेद बता दो। हम तुम्हें छोड़ भी देंगे और भारी पुरस्कार भी देंगे।"

"अपना बलिदान स्वयं ही मेरा पुरस्कार होगा। एक सच्चे क्रांतिकारी को मृत्यु-भय या प्रलोभन, कोई भी कर्तव्य से विचलित नहीं कर सकता। मेरी मृत्यु ब्रिटिश शासन के पतन का कारण बनेगी।"

ब्रिटिश शासन के पतन की बात सुनकर आउटरम तिलमिला उठा। उसने सैनिकों को आज्ञा दी कि वे लड़की को वृक्ष से बांधकर उसकी चिता तैयार करके आग लगा दें। सैनिकों ने अपने जनरल की आज्ञा का पालन किया। जब लपटे उठकर मैना के मुखमण्डल की ओर बढ़ने लगी तो आउटमर बोल उठा, "अभी भी समय है। यदि तुम अपने पिता का पता बता दो तो हम तुम्हें बचा सकते हैं।"

मैंना ने मुंहतोड़ उत्तर दिया, "एक जन्म तो क्या, कई जन्मों तक भी तुम मुझे इसी प्रकार जलाते रहो, तो भी मैं अपने पिता और अन्य क्रांतिकारियों के भेद नहीं बता सकती। भारत की वीरांगनाओं को तो आग की लपटें चन्दन की भांति शीतल लगती हैं। इतना याद रखना कि अब तुम्हारे दिन आ गए। तुम्हारे अत्याचार ही तुम्हें ले डूबेंगे।

मैना अविचल खड़ी रही। लपटें उठती रही। वह स्वयं भी किसी लपट से क्या कम थी? (1857)

छोटा-सा नौकर बनकर बड़ा काम किया

रेजीडेन्ट के बैरे के पास एक पागल-सा आदमी पहुँचा और नौकरी मांगने लगा। उसने बैरे को बताया कि वह अच्छे से अच्छा खाना पकाने से लेकर चौका-बर्तन आदि तक के सब काम कुशलतापूर्वक कर सकता है। बैरे ने सोचा कि अच्छा विदूषक मिल गया, इससे काम में मदद भी मिलेगी और मनोरंजन भी हो जाया करेगा। उसे बर्तन साफ करने के लिए नौकर रख लिया गया, पर बिना वेतन, केवल भोजन की शर्त पर।

वह पागल बर्तन साफ करता तो मिट्टी में लथपथ हो जाता और अन्य नौकरों का मनोरंजन करता। कभी-कभी वह बाजार से सौदा भी खरीद लाता क्योंकि वह भाव-ताव करने में बड़ा चतुर समझा जाता था।

इन्हीं दिनों 'अमृत बाजार पत्रिका' में रेजीडेन्ट के विरुद्ध धड़ाधड़ लेख निकलने लगे। रेजीडेन्ट को पता चला कि कोई गुप्तचर भोपाल से ही पत्रिका में सामग्री भेजता है और उसके विरुद्ध वातावरण उत्पन्न करता है। रेजीडेन्ट ने घोषणा की कि जो व्यक्ति गुप्तचर को पकड़ाएगा, उसे भारी इनाम दिया जाएगा। पुलिस सर पटककर रह गई पर भेदिया हाथ नहीं आ सका।

रेजीडेन्ट के विरुद्ध वातावरण बहुत खराब हो गया था। और शासन को हस्तक्षेप करने के लिए विवश होना पड़ा। विद्रोह की स्थिति से बचने के लिए अंग्रेजी शासन ने रेजीडेन्ट को भोपाल से हटा

दिया। जाने के पहले साहब ने घरेलू नौकरों-चाकरों को खूब इनाम बांटे। बर्तन साफ करने वाले उस पगले को भी इनाम दिया गया।

रेजीडेन्ट जब भोपाल से चला गया और अस्थायी रूप से दिल्ली में रहने लगा, तो एक दिन उसके पास एक सूट-बूट धारी दुबला पतला सा काला व्यक्ति मिलने के लिए पहुंचा। वह व्यक्ति रेजीडेन्ट के साथ धाराप्रवाह गति से अंग्रेजी में बातें कर रहा था। रेजीडेन्ट उसे देखकर चकित था कि यह तो वही व्यक्ति है, जो मेरे बंगले पर बर्तन साफ करने का काम करता था। आगन्तुक ने अंग्रेजी में बात प्रारम्भ की-

"साहब! मैं आपके पास इनाम लेने आया हूँ।"

"आते समय मैं तुम्हें काफी इनाम देकर आया था, अब किस बात का इनाम चाहते हो?"

"साहब! आपने कहा था कि जो कोई आपका भेद देने वाले गुप्तचर को पकड़ा देगा, उसे आप भारी इनाम देंगे।"

"हां कहा तो था, पर वह व्यक्ति पकड़ा नहीं जा सका। क्या तुम उस व्यक्ति को पकड़वा सकते हो?"

"मैं ही वह व्यक्ति हूँ, जो आपके बंगले के बाहरी घरों में रहकर 'अमृत बाजार पत्रिका' को आपके भेद देता रहता था। अब इनाम लाइए।"

यह सुनकर साहब थरथर काँपने लगा। क्रान्तिकारियों के कारनामों से वह अच्छी तरह परिचित था। उसे लगा कि कहीं यह व्यक्ति इनाम मांगने के बहाने उसको ही गोली का इनाम देने न आया हो। जान छुड़ाने के लिए साहब ने सोने की जंजीर वाली अपनी घड़ी उसे देते हुए कहा, "यदि तुम स्वीकार करो तो जासूस विभाग के उच्चपद पर नियुक्त कराके तुम्हें एक हजार रुपये मासिक वेतन दिला सकता हूं।"

उत्तर मिला- "यदि वेतन ही लेना होता, तो बिना वेतन के लिए आपके वर्तन साफ क्यों करता?"

"अब क्या करना चाहते हो?"

"आप जैसे अन्यायी अफसरों को ठिकाने लगाना चाहता हूं।"

इतना कहकर वह व्यक्ति खिसक गया। क्रान्तिकारी सूफी अम्बाप्रसाद एक जगह टिकने वाले थोड़े ही थे। (1890)

जब बालक के हाथ पैर काटे गये

लुधियाने के डिप्टी कमिश्नर मि. कॉवन ने मलेरकोटला नामक स्थान पर चौराहे पर तोपें लगवा दीं। कूके लोग तोपों के मुंह से बांधे जाते और बत्ती लगाते ही गोले से उनके शरीर की धज्जियां-धज्जियां उड़ जाती। पचास में 49 कुकों को तोपों से उड़ा दिया गया। पचासवां कूका तेरह वर्ष का एक बालक था। उसकी मां भी रोती बिलखती वहां पहुंच गई। उसने अपने बेटे को बचाने के लिए मिसेज कॉवन से अनुनय विनय की जो वहां नर-हत्या का तमाशा देख रही थीं। मिसेज कॉबन की सिफारिश पर मि. कॉबन उस तेरह वर्षीय बालक बिशन सिंह को छोड़ने को तैयार हो गया, पर बालक की ओर मुड़कर वह कहने लगा,

"अम टुमको छोड़ देगा। टुम अपने बदमाश गुरु राम सिंह का साथ छोड़ दो।"

अपने गुरु को गाली सुनकर बालक बिशन सिंह उछला और उसने मि. कॉवन को भूमि पर पटकर कर उसकी छाती पर सवार होकर, दोनों हाथों से उसकी लंबी दाड़ी पकड़कर जोर-जोर से उसका सर धरती पर पटकने लगा। सिपाही लोग दौड़े, पर बालक के चुंगल से वे अपने अफसर को मुक्त न कर सके। तब उन सिपाहियों ने नंगी तलवारों से रेत-रेत कर बालक के दोनों हाथ काट डाले और तब अपने अफसर मि. कॉवन को उसके मृत्यु पाश से छुड़ा पाए।

हाथ काट डालने के पश्चात उन हत्यारों ने उसके पैर भी काट डाले। इस तरह के तेरह वर्षीय एक बालक ने तड़प-तड़प कर आजादी के लिए अपने प्राण त्याग दिए। (1875)

जब फफोले फट कर रिसने लगे

अंडमान जेल अधिकारियों ने तंग आकर इन्दुभूषण को जेल के अन्दर काम करने की सुविधा तो दे दी पर बदले की भावना से उसके ऊपर काम इतना लाद दिया जिसका बोझ वह सहन नहीं कर सका। जहरीली झाड़ियों

को कूट-कूट कर रस्सी बनाने का काम उसे दिया गया। झाड़ियों को कूटने और उनका जहरीला रस लगने के कारण उसकी दोनों हथेलियों में फफोले पड़ गए। फफोले फूट-फूट कर रिसने लगे और उसे असह्य पीड़ा होने लगी। वह खाना भी नहीं खा सकता था। जब उसके रिसते हुए घावों से नमक-मिर्च युक्त दाल के पानी का स्पर्श होता था तो उसे बिच्छू का डंक लगने जैसी पीड़ा का अनुभव होता था। उसने खाना-पीना भी छोड़ दिया।

इन्दुभूषण ने जेल अधिकारियों के समक्ष फिर गुहार मचाई और कहा कि मुझे झाड़ियां कूट कर रस्सी बनाने के काम के अतिरिक्त कोई अन्य काम दे दिया जाय। जेलर तो उससे चिढ़ा बैठा ही था उसने भद्दी गालियों की एक बौछार इसके ऊपर छोड़ी और हाथों से कोल्हू खींचकर तेल निकालने का काम उसे दे दिया। इन्दुभूषण पर विपत्तियों का पहाड़ टूट पड़ा। फूटे हुए फफोले से बने रिसते हुए जख्मों भरे हाथों से उसे कोल्हू की धुरी खींचनी पड़ती थी। तनिक भी रुकने या असावधानी करने पर बेतों की मार पड़ती थी।

इन्दुभूषण ने प्रार्थना की कि उसे कुछ दिन जेल के अस्पताल में रखा जाय जहां उसके हाथों के जख्म ठीक हो सकें। जख्म ठीक हो जाने पर उसने हर तरह के काम करने का वादा किया। उसकी प्रार्थना स्वीकार नहीं की गई। उसे दण्ड देने के लिए उसके द्वारा निकाले जाने वाले तेल की मात्रा बढ़ा दी गई। निरीक्षण के समय जेलर उसे धमकी भी दे गया कि कल यदि तुमने पूरा तेल नहीं निकाला तो तुम पर कोड़े लगाने के लिए जल्लाद बुलाया जाएगा।

इस अपमानजनक और कष्टप्रद जीवन से छुटकारा पाने के लिए इन्दुभूषण के सामने एक ही मार्ग था और वह था आत्महत्या का। जेल में आत्महत्या के साधन भी नहीं मिलते। उसे अपनी कोठरी में एक ऐसा हुक तो दिखाई दिया जिसके सहारे रस्सी लटकाई जा सकती थी, प्रश्न यह था कि रस्सी कहां से आए। रात के समय इन्दुभूषण ने अपने पहनने के कपड़े कुर्ता-पजामा फाड़कर और उन्हें बांटकर कपड़े की रस्सी तैयार कर ली। इस प्रकार तैयार की गई रस्सी के फन्दे से लटककर उसने अपनी इहलीला समाप्त कर ली। तुर्रा यह कि जेलर का ही बयान सही माना गया। कि इन्दुभूषण ने साथियों द्वारा हत्या किए जाने के भय से आत्महत्या की है। (1933)

कौन कहता है हिन्दुस्तान आजाद नहीं होगा

सबेरे ही सेना ने शानदार परेड की। उसके बाद आजाद हिन्द फौज के जवानों ने अपनी स्त्रियों को बताया कि आज नेताजी को सोने से तौला जाएगा। तिरंगे फूलों से सजी एक तराजू के एक पलड़े पर नेताजी को बैठाया गया। मलाया के बंगाली डॉक्टर परिवार के लोगों ने शंख बजाए। एक गुजराती महिला आगे बढ़ी। उसने जीवन भर की कमाई सोने की पांच ईटें तराजू पर धर दी। अब तो इस पलड़े में सोने-चांदी, हीरे-मोती चढ़ाए जाने लगे। हर ओर से महिलाएं चली आ रही थीं। दस-बारह वर्ष की किशोरियां, युवतियां, लड़कियां, प्रौढ़ महिलाएं गहने लिए आ रही थी। कोई रूमाल में बांधे थी, तो कोई किसी पिटारी में लिए थी।

वे आतीं और तराजू में उन्हें चढ़ा देतीं। फिर नेताजी के हाथ जोड़ती। अजब उत्सव था, अनोखा दृश्य था। शंख बज रहे थे। वहां खड़े युवक और सैनिक जवान 'जय हिन्द' और इंकलाब जिंदाबाद' के नारे लगा रहे थे लोगों ने देखा कि पलड़ा भर गया है, पर वजन पूरा नहीं हुआ। एक सैनिक ने कहा, "अभी और सोना चाहिए।"

बस फिर क्या था, आस-पास महिलाएं अपने कानों के बूंदे, गले की मालाएं और अंगूठियां उतार-उतार कर पलड़े पर रखने लगीं। एक महिला ने अपनी सोने की घड़ी उतार कर पलड़े पर चढ़ा दी। पर वजन अभी बराबर नहीं हुआ था।

तभी किसी महिला की सिसकियों की आवाज सुनाई दी। सब चौंक उठे। कमांडर लक्ष्मीबाई एक महिला को सहारा देती हुई अपने साथ लेकर

आई। महिला के बाल खुले हुए थे, आंखें लाल थी। लक्ष्मीबाई ने बताया, "कल ही खबर आयी है, इस बहन का पति मोर्चे पर शहीद हो गया।" सुभाष बाबू ने सम्मान में अपनी टोपी उतार दी बोले, "बहन देवता भी तुम्हारे पति का स्थान लेने को ललचाते होंगे। मैं तुम्हारा भाई हूं। उसने अपने सुहाग की निशानी पलड़े पर चढ़ा दी, पर वजन अब भी बराबर नहीं हुआ।

तभी वहां एक वृद्धा आई। वह सोने के फ्रेम में जड़ी एक तस्वीर को अपने सीने से चिपकाए थी। बोली- "यह मेरे इकलौते बेटे की तस्वीर है। जंग शुरू होने से पहले अंग्रेजों ने इसे फांसी लगा दी थी। काश, मेरा एक और बेटा होता तो मैं उसे भी मादरे-हिन्द पर चढ़ा देती।" वृद्धा का गला भर आया। उसने तस्वीर को जमीन पर पटका फोटो टूट गया। फोटो निकाल कर उसने हाथ में ले ली। सोने की फ्रेम पलड़े पर रख दिया।

सुभाष बाबू खड़े हो गये। उन्होंने वृद्धा के चरण छुए और बोले, "कौन कहता है कि हिन्दुस्तान आजाद नहीं होगा। बहनों, माताओं और हमारे नौजवानों का त्याग जरूर रंग लाएगा।"

वहां उपस्थित लोगों से उन्होंने कहा, "मैं तुम्हारे लिए शांति का नहीं, लड़ाई का संदेश लाया हूं। तुम आजादी के अमृत से गुलाम आत्मा को धोना चाहते हो तो बड़े से बड़ा बलिदान देने को तैयार रहो- 'आप मुझे खून दें, मैं आपको आजादी दूंगा।"

हवा में कहीं महाकवि बायरन के शब्द गूंज उठे थे:

जंग आजादी की जब भी कभी छिड़ जाती है,
रुकने का नाम न ले, रंग पे रंग लाती है!
खूं से लथपथ हुआ, बेटे को विरासत में बाप, दे के जाता है जिसे,
यह वह अमर थाती है!

आजाद हिन्दी बैंक में बीस करोड़ से ऊपर रुपया जमा हो गया। (1942)

तुम मुझे खून दो - मैं तुम्हें आजादी दूंगा

24 अक्टूबर, 1943 की रात को 12 बजकर 5 मिनट पर नेताजी ने आजाद हिन्द सरकार की ओर से इंग्लैंड पर और अमरीका के विरुद्ध युद्ध की घोषणा की।

आजाद हिन्द सैनिकों की संख्या 50,000 से ऊप्र थी। 1500 अफसर

थे। उनके सदस्यों की संख्या सवा लाख से ऊपर थी। बीस लाख लोगों ने आजाद हिन्द सरकार की आज्ञा के अनुसार कार्य करने की प्रतिज्ञा की।

नेताजी सुभाषचंद्र बोस काला कोट, सफेद पैंट और काली टोपी पहनते थे। आपकी वाणी में अजीब जादू था। जो सुनता वह मोहित हो जाता। एक दिन आप कह रहे थे, "भाइयों और बहनों। हमारी मातृभूमि अब स्वतंत्र होने के लिए छटपटा रही है, परंतु स्वतंत्रता ऐसे नहीं मिलती। इसे पाने के लिए अपना सर्वस्व लुटाना पड़ता है। सुख और आराम के दिनों को भूल जाइए। आजादी मांगती है बलिदान।"

"मुझे खून दो।
मैं तुम्हें आजादी दूंगा।"

नेताजी की पुकार पर सहस्रों लोगों ने हाथ खड़े किए। वे बोले, "ऐसे नहीं, अपने रक्त से प्रतिज्ञा-पत्र पर हस्ताक्षर करने होंगे।" यह सुन अनेक नवयुवक आगे बढ़े चाकू से अपनी उंगलियां चीर-चीरकर उन्होंने रक्त से हस्ताक्षर किए। महिलाएं भी पीछे नहीं रही। उन्होंने भी आगे बढ़कर अपने साहस का प्रमाण दिया। अपने रक्त से हस्ताक्षर कर अनेक प्रतिज्ञा-पत्र भर दिए।

नेताजी की बात काटने की शक्ति किसी में न थी। हिटलर, मुसोलिनी और जनरल तोजा जैसे आदमी उनकी हर बात के सामने सिर झुका देते थे।

अंग्रेजी जासूसों ने चार बार नेताजी को मारने का यत्न किया, परंतु उनका बाल तक बांका न हुआ।

अदालत में जूता मारा जमकर पिटाई की

लाहौर के स्पेशल मेजिस्ट्रेट की अदालत में जब देश के दीवाने पहुंचे तो एक अजीब समा बंध गया। सब तरह के महकते हुए फूल उस राष्ट्रीय गुलदस्ते में थे। इन फूलों में थे भगत सिंह, राजगुरु, सुखदेव, विजय कुमार सिन्हा, शिव वर्मा, जयदेव कपूर, कमलनाथ तिवारी, डॉ. गया प्रसाद, प्रेमदत्त, महावीर सिंह, बटुकेश्वर दत्त, जितेन्द्र सान्याल, अजय घोष, सुरेन्द्र पाण्डे, किशोरीलाल, कुन्दनलाल, देसराज और आज्ञाराम।

'इंकलाब जिन्दबाद!' के गगन भेदी नारों के पश्चात बड़े जोश-खरोश के साथ बिस्मिल का गीत गाया-

"सर-फरोशी की तमन्ना, अब हमारे दिल में है,
देखना है जोर कितना बाजुए-कातिल में है।
वक्त आने दे, बता देंगे तुझे अय आसमां,
हम अभी से क्या बताएं, क्या हमारे दिल में है।
ऐ शहीदे-मुल्को-मिल्लत, मैं तेरे ऊपर निसार,
अब तेरी हिम्मत के चर्चे, गैर की महफिल में हैं।
सर-फरोशी की तमन्ना, अब हमारे दिल में है,
देखना है जोर कितना बाजुए कातिल में है।"

गीत गाने के बाद "फिर इंकलाब! जिन्दबाद?" के जोरदार नारे लगाए गए और देश के दीवाने अदालत-भवन में जा पहुंचे। थोड़ी देर पश्चात क्रान्तिकारियों का गद्दार साथी और सरकारी गवाह जयगोपाल गवाह के कठघरे में लाया गया। जहां उसे शर्म से आंखें झुका लेनी चाहिए थी, वहां उसने क्रान्तिकारियों को देखकर अपनी मूछें उमेठना प्रारम्भ कर दिया।

उसकी तरफ देखकर क्रान्तिकारी लोग 'शेम! शेम!' चिल्लाए। क्रान्तिकारी प्रेमदत्त को इतने से संतोष नहीं हुआ। वह कद में छोटा था। कुछ लोग के पीछे होकर चुपचाप उसने अपना जूता निकाला और फिर आगे बढ़कर जयगोपाल पर दे मारा। प्रेमदत्त का जूता जयगोपाल के सर में लगा। राजगुरु ने चिल्लाकर दाद दी, "वल शॉट माई ब्रदर! नाउ एनादर वन।"

जयगोपाल पर प्रेमदत्त का दूसरा जूता भी पड़ा। वह सर नीचा करके बैठ गया। और क्रान्तिकारी अपने-अपने जूते निकालने को हुए, लेकिन उनके हाथ पकड़ लिए गए और उनके हाथों में हथकड़ियां डालने का यत्न किया गया। क्रान्तिकारियों ने इसका तीव्र विरोध किया। बड़ा भारी हंगामा मच गया और अदालत की कार्यवाही स्थगित कर दी गई।

अगले दिन जब बोर्स्टल जेल से क्रान्तिकारियों को लॉरी में लादकर अदालती कार्यवाही के लिए सेन्ट्रल जेल ले जाया जाने लगा तो उन्होंने जाने से इन्कार कर दिया। बलपूर्वक उन्हें लादा जाने लगा तो संघर्ष प्रारम्भ हो गया। उस समय उनके हाथों में हथकड़ियां नहीं थी। पुलिसवालों पर जम कर हाथ अजमाए गए। और लोग तो पिछले अनशन के कारण कुछ कमजोर थे, पर राजगुरु बिलकुल तरो-ताजा था। उसने सिपाहियों को उठा-उठा कर पटकना प्रारम्भ कर दिया। चार-चार सिपाही उस पर झपटते थे, पर वह किसी को लात मारकर, किसी को मुक्का मारकर और किसी अपने कुल्हे से धक्का देकर जमीन सुंघा देता था। उस युद्ध में क्रान्तिकारी पक्ष ही सबल रहा। पुलिसवाले बड़ी मुश्किल से पांच क्रान्तिकारियों को लॉरी में डालकर अदालत में ले जा सके।

पांच क्रान्तिकारियों को लेकर जब लॉरी अदालत पहुंची तो क्रान्तिकारियों ने नई ब्यूह-रचना कर डाली। वे पांचों आपस में गुंथ कर एक अडिग चट्टान की भांति बन गए और उन्हें लॉरी के तंग दरवाजे के बाहर निकालना असंभव हो गया। उस दिन भी अदालत कार्यवाही स्थगित करनी पड़ी।

पुलिस ने पैंतरा बदला और क्रान्तिकारियों से कहा कि अभी आप लोग हथकड़ियां लगवा लें, अदालत में आपकी हथकड़ियां खोल दी जाएगी। क्रान्तिकारी लोग मान गए। उन्हें अदालत ले जाया गया, लेकिन पुलिस वादे से मुकर गई और अदालत में भी उनकी हथिकड़ियां नहीं खोली गई।

मध्यान्तर हुआ और क्रान्तिकारियों को भोजन की छुट्टी दी गई। भगत सिंह ने सिपाहियों से कहा, ''खाना तो खा लेने दो यारो।"

क्रान्तिकारियों की हथकड़ियां खोल दी गई। बड़ी मस्ती के साथ उन लोगों ने खाना खाया। आंखों-आंखों में उनके इशारे हो गए और हथकड़ियां न लगवाने का निश्चय कर लिया गया। भोजन के बाद सिपाही हथकड़ियां लगाने उनकी तरफ बढ़े तो उन्होंने साफ इन्कार कर दिया।

क्रान्तिकारियों के इस कृत्य का दण्ड देने के लिए अदालत और पुलिस दोनों ने पहले से ही तैयारियां कर रखी थी। उस जेल में जितने भी गुण्डे, हत्यारे और पठान लोग सजा काट रहे थे, उन सबको डण्डे दे दिए गए और क्रान्तिकारियों पर उन्हें छोड़ दिया गया। उन लोगों को यह प्रलोभन दिया गया था कि जितना अधिक तुम इन लोगों को पीटोगे, उतनी ही बढ़िया मनचाही दावत तुम लोगों को दी जाएगी। फिर क्या था, बेरहमी के साथ वे लोग क्रान्तिकारियों पर पिल पड़े। सबसे अधिक प्रतिरोध भगत सिंह और राजगुरु ने किया। उन्होंने पठानों के डण्डे छीन लिए, और पीटने वालों पर कस-कस कर मार लगाई। परिणाम यह हुआ कि उन पर आठ-आठ गुण्डे चढ़ बैठे और उन्हें इतना मारा गया कि वे बेहोश हो गए। कुछ दर्शक महिलाएं यह काण्ड देखकर चीखते-चीखते बेहोश हो गई।

तो जालिमों को क्रान्तिकारियों की अदालत में की गई पिटाई से ही सन्तोष नहीं हुआ। जेल में भी उनकी बुरी तरह पिटाई की गई। (1530)

दूसरे की पत्नी बनकर रहने का साहस

रासबिहारी बोस ने लाहौर में रहकर महान क्रान्ति के संचालन का भार अपने ऊपर लिया था। अतः वे 1914 के दिसम्बर महीने में लाहौर चले गए। सरकार की ओर से उनकी गिरफ्तारी के लिए जी जान से प्रयत्न किया जा रहा था। सरकार को डर था कि बोस कहीं लाहौर में आकर न रहने लगें। अतः सरकार की ओर से आदेश प्रचारित किया गया कि कोई भी आदमी किसी ऐसे आदमी को किराये पर मकान न दे जिसके साथ स्त्री और बच्चे न हों।

अतः बोस जब लाहौर पहुंचे तो उनके सामने निवास का प्रश्न खड़ा हुआ, क्योंकि वे अकेले थे। सरकारी हुक्म के होते हुए कोई भी आदमी

एकाकी मनुष्य को किराये पर मकान देने के लिए तैयार नहीं होता था। निवास के प्रश्न को लेकर बोस के मित्र और हितैषी भी चिन्तित हो उठे।

उन दिनों लाहौर में रामशरण दास नाम के एक व्यापारी रहते थे। वे बड़े सज्जन और देशभक्त थे। उन्हीं की तरह उनकी पत्नी भी उदार हृदया और देशभक्त थी। उनकी पत्नी को जब बोस के निवास की कठिनाई का पता चला, तो उन्होंने बड़े साहस के साथ आगे बढ़कर इस प्रश्न को हल कर दिया। उन्होंने अपने आपको बोस की पत्नी घोषित किया। फिर तो बोस को किराये का मकान मिल गया। बोस कई महीनों तक रामशरण दास की पत्नी के साथ पति पत्नी के रूप में रहे। यह एक ऐसी घटना थी जो विश्वास, देशप्रेम और चरित्र की उज्जवलता को सामने उपस्थित करती है। कौन ऐसा मनुष्य है, जो अपनी पत्नी को किसी दूसरे पुरुष के साथ रहने देगा? वह थे रामशरण दास। और कौन ऐसा मनुष्य है जो कई महीनों तक किसी स्त्री के साथ रहकर चरित्र की उज्जवलता पर धब्बा न लगने देगा? वे थे रामबिहारी बोस। बोस महान क्रान्तिकारी तो थे ही, वीतरागी संन्यासी भी थे। उनमें शौर्य और पुरुषार्थ तो था ही, चरित्र और धर्म के प्रति अटूट निष्ठा भी थी।

बोस 1915 की फरवरी तक लाहौर में रहे। जब महाक्रान्ति की योजना विफल हो गई और चारों ओर गिरफ्तारियां होने लगीं, तो बोस ने लाहौर छोड़ दिया। वे गुप्त रूप से बंगाल चले गए।

दुर्गा भाभी का साहस

भगवतीचरण उस समय लाहौर में नहीं थे। वे कलकत्ते में थे। जाने से पूर्व वे दुर्गाभाभी के पास 500/ रुपया यह कहकर छोड़ गये थे कि भगत सिंह या सुखदेव के पास से अगर कोई पैसे के लिये आये तो उसे दे देना। साण्डर्स की हत्या के बाद उसी रुपये से साथियों को लाहौर से बाहर निकालने की व्यवस्था सम्भव हो सकी थी।

दो दिन बाद बाद सुखदेव ने आकर भाभी से पूछा, "कहीं बाहर जा सकोगी?"

"क्या काम है? कहां जाना होगा?"

"एक आदमी को लाहौर से निकालकर बाहर ले जाना है। उसकी मेमसाहब बनकर साथ जाना होगा। खतरा है, गोली भी चल सकती है।" सुखदेव ने समझाया। भाभी तैयार हो गयी। उन्हें भगत सिंह को लेकर कलकत्ता जाना था।

लाहौर से कलकत्ता जाने वाला मेल प्रात: 6 बजे छूटता था। भगत सिंह ने साहबी पोशाक पहनी, शची (भगवती शरण का तीन साल का पुत्र) को गोद में लिया, दुर्गा भाभी ने उनकी धर्मपत्नी का पार्ट अदा किया और राजगुरु नौकर बना। इस प्रकार पुलिस की आंख में धूल झोंककर यह तीनों गाड़ी में जाकर बैठ गये-भगत सिंह और दुर्गा भाभी पहले दर्जे में और राजगुरु नौकरों के डिब्बे में। राजगुरु लखनऊ में उतर गया और भाभी भगत सिंह को लेकर कलकत्ते चली गयीं। लखनऊ से भगवतीचरण को तार दे दिया, "भाई के साथ आ रही हूं।" नीचे नाम था दुर्गावती।

यह दुर्गावती कौन है भगवतीचरण की समझ में नहीं आया। फिर भी वे दीदी को लेकर स्टेशन पहुंच गये। भगत सिंह के साथ शची और दुर्गा भाभी को देखकर उनके हर्ष की सीमा न रही।

वहीं भाभी की पीठ थपथपाकर बोले, "तुम्हें आज समझा।" (1930)

झांसी की रानी लक्ष्मीबाई रणचंडी बन गयी

रानी चारों ओर से अंग्रेज सैनिकों से घिरी हुई थी। वह दोनों हाथों से तलवार चलाती। भारतीय सैनिक जब उसे देखते तो उन्हें गर्व के साथ बोध होने लगता कि झांसी की महारानी लक्ष्मीबाई साक्षात् रणचण्डी बन गई है। ऐसा लगता है कि आदि शक्ति यही है और यही भगवती दुर्गा।

सैनिकों में जोश उमड़ आया था। इसीलिए वे भी चौगुने उत्साह के साथ युद्ध करने लगे।

युद्ध की प्रगति इतनी तेज हो गई थी ऐसा लगता कि प्रलय हो जाएगी। अंग्रेजों पर खून सवार था वे जान हथेली पर रखकर लड़ रहे थे। उन्हें ग्वालियर पर अधिकार करना था।

सर ह्यूरोज का संकल्प था या तो वह अपनी जान देगा या फिर रानी के प्राण लेकर रहेगा। उसे मिनट-मिनट पर खबर मिलती कि झांसी की रानी लक्ष्मीबाई शैतान बन गई है शैतान। वह अंग्रेजी सेना को दोनों हाथों से काट रही है। उसके सामने जो भी सैनिक पड़ जाता फिर उसका सिर धड़ से अलग होकर रहता।

रानी को भी हयूरोज की तलाश थी। वह इसीलिए फिरंगियों की सेना में घुसी थी और उसे चीरती ही जा रही थी।

सर ह्यूरोज दूर के मोर्चे पर खड़ा था। उसे भी रानी के साथ युद्ध करना था। उसकी बड़ी प्रबल इच्छा थी।

आखिर वह मौका आया। रानी और ह्यूरोज आमने-सामने आए। दोनों के बीच में दूरी केवल पचास कदम रह गई थी। लेकिन बीच में एक नाला था जो वेग के साथ बह रहा था।

नाला तंग नहीं था वह चौड़ा था रानी ने कोशिश की कि उसका घोड़ा छलांग मारकर नाला पार कर ले। मगर वह अरबी घोड़ा अड़ियल निकला। वह टस से मस नहीं हुआ। रानी ने चाबुक पर चाबुक मारे लेकिन घोड़ा हिनहिनाकर रह गया। वह जगह से हिला तक नहीं। दोनों पैरों से खड़ा हो गया और हिनाहिनाने लगा।

यह वह मौका था जब पीछे आ रही अंग्रेजी सेना ने रानी को बुरी तरह घेर लिया। वह दुश्मन के चंगुल में फंस गई। दोनों हाथों से तलवार चलाने लगी।

ऐसे में ही अशलीस ने रानी की पीठ पर जोर से भाला फेंक कर मारा। रानी बुरी तरह घायल हो गई वह घोड़े से गिरते-गिरते बची। उसने अपने को सम्भाला। रघुनाथ सिंह और जवाहर सिंह पीछे ही खड़े थे। जवाहर सिंह ने उस घोड़े को वहीं पर छोड़ा। उसने अपने घोड़े पर रानी को बैठाया। रानी बुरी तरह घायल हो गई थीं। जवाहर सिंह ने उसे सम्भाला और नाला पार किया। तभी सर हयूरोज ने रानी को देखा तो उस पर टूट पड़ा। मगर पीछे आ रहे रघुनाथ सिंह का घोड़ा आगे निकल गया। (1857)

चटगाँव का सूर्य अर्द्धरात्रि में अस्त हो गया

सूर्यसेन पर मुकदमा चलाया गया और उन्हें तथा उनके साथी को मृत्यु-दण्ड सुनाया गया। 12 जनवरी, 1934 की रात को बारह बजे उन दोनों को फांसी देने का निश्चय किया गया।

रात्रि को सूर्यसेन की कोठरी का ताला खोला गया और कड़े पहरे के बीच उनको फांसी के तख्ते की ओर ले जाया जाने लगा। अन्तिम बार मातृभूमि की वन्दना करने के उद्देश्य से सूर्यसेन ने अपने कण्ठ की पूरी शक्ति के साथ 'वन्देमारतम्' का निनाद किया।

सूर्यसेन के कण्ठ से निकले गगन-भेदी 'वन्देमारतम्' निनाद ने जेल के अन्दर के क्रान्तिकारी वन्दियों को जगा दिया। उन्होंने समझ लिया कि उनका नेता उनसे चिर विदा ले रहा है। उन्होंने श्री 'वन्देमारतम्' का गगन-भेदी घोष किया।

जेल के वार्डर को यह स्थिति अच्छी नहीं लगी। उसने इसका दोषी सूर्यसेन को ही पाया और उसे चुप करने के लिये उसके सर पर डण्डे का जोरदार प्रहार किया। चुप होने के बजाय सूर्यसेन के कण्ठ से और ज्यादा जोरदार 'वन्देमारतम्' का स्वर निकला।

और सूर्यसेन पर डण्डे उस समय तक बरसते रहे जब तक क्षीण होता हुआ उसका स्वर बन्द नहीं हो गया। वधस्थल पर पहुंचने के पूर्व ही

निर्मम प्रहारों से आक्रान्त सूर्यसेन की देह से प्राणों का बिछोह हो गया। जेल के अधिकारी इस स्थिति से चिन्तित हुए लेकिन उनकी सूझ-बूझ काम कर गई। सूर्यसेन की निर्जीव देह को कई लोगों ने मिलकर उठाया। वे उसे फांसी के तख्ते पर ले गए और उसकी लटकी हुई गर्दन में फांसी का फन्दा डालकर उसकी निर्जीव देह को झुला दिया गया। चटगांव का सूर्य अर्द्ध-रात्रि में अस्त हो गया।

तारकेश्वर दस्तीकार को भी उसी रात फांसी दे दी गई। दोनों क्रान्तिकारियों के शव, कुछ अंधेरा रहते हुए ही एक युद्धपोत द्वारा समुद्र में ले जाए गए। शवों को ले जाने के लिए युद्धपोत? लगता है, जैसे शासन भयभीत था कि कहीं उनके भूत उठ खड़े होकर युद्ध न करने लगें या उनके साथी क्रान्तिकारी आक्रमण न कर बैठें। युद्धपोत द्वारा दोनों शव समुद्र में बहुत दूर ले जाये गये और भारी-भारी लौह-खण्डों से बाँधकर सागर की अतल गहराइयों में उतार दिए गए।

वीर बालिकाओं ने मजिस्ट्रेट को मारा

कोमिल्ला के डिस्ट्रिक्ट-मजिस्ट्रेट मि. स्टीवेंस ने अपने जिले से क्रान्तिकारियों का सफाया करने का संकल्प कर लिया था। वे क्रान्तिकारियों को इतनी कड़ी सजाएं दे रहे थे कि उनका ख्याल था कि उनके जिले में क्रांतिकारी गतिविधियां समाप्त हो जाएंगी। क्रांतिकारी लोग भी इस उधेड़-बुन में थे कि डिस्ट्रिक्ट मजिस्ट्रेट साहब को ही दण्ड दिया जाये।

मि. स्टीवेंस अपने प्रति खतरे से सावधान थे। वे अपनी सुरक्षा का पूरा ध्यान रखते थे। अदालत में वे बहुत कम जाते थे। अदालत का अधिकांश काम वे अपने बँगले पर ही निबटा दिया करते थे। उनके बंगले पर हमेशा पुलिस-गार्ड रहता था। उनसे मिलने जाने वालों की तलाशी ली जाती थी। उनके साथ कोई न कोई अफसर हमेशा ही रहता था।

14 दिसम्बर, 1931 को शान्ति घोष और सुनीति चौधरी नाम की कक्षा 8 में पढ़ने वाली दो छात्राएं बग्घी में बैठकर जिला-मजिस्ट्रेट और कलैक्टर मि. सी.जी.बी. स्टीबेंस के बँगले पर पहुँची और उन्होंने पहरे के सन्तरी से

कहा कि हम लोग मजिस्ट्रेट साहब से मिलना चाहती हैं। एक लड़की ने एक पर्चे पर दोनों के नाम लिख दिए। उसने असली नाम न लिखकर छद्म नाम इलासेन और मीरा देवी लिखकर पर्चा साहब के पास भिजवा दिया। वह परिचय पत्र पाकर साहब बहादुर अपने एक एस.डी.ओ. साथी के साथ स्वयं बाहर पहुंचे और उन्होंने दरवाजे पर ही उन बालिकाओं से भेंट की। बालिकाओं ने उन्हें बताया कि हम लोग तैराकी की एक प्रतियोगिता आयोजित कर रही हैं और उस स्पर्द्धा में आप से शासकीय व्यवस्था का सहयोग चाहती हैं। उन लोगों ने साहब को एक लिखित प्रार्थना-पत्र भी दिया। साहब ने उसे पढ़ा और अन्दर के अपने कार्यालय-कक्ष में पहुंचकर उस पर एक वाक्य लिख दिया, "प्रधानाध्यापिका अपना अभिमत दें।"

यह वाक्य लिखकर मजिस्ट्रेट महोदय ने वह पर्चा एक बालिका को लौटा दिया। जिस समय वे पर्चा लौटा रहे थे, दूसरी बालिका ने अपना रिवाल्वर निकालकर बिलकुल ही निकट से उन पर दो गोलियां दाग दी। गोलियां खाकर साहब अन्दर भागे और एक कमरे में छाती के बल गिर पड़े। उनके साथी एस.डी.ओ. तथा पहरेदारों ने दोनों बालिकाओं को पकड़कर काबू में कर लिया।

मि. स्टीवेंस को एक गोली हृदय पर लगी थी। उनकी तत्काल मृत्यु हो गई। दोनों बालिकाओं- शांति घोष और सुनीति चौधरी पर 18 जनवरी, 1932 को मुकदमा चला। 27 जनवरी, 1932 को मुकदमे का निर्णय सुना दिया गया। उसकी उम्र सोलह वर्ष से कम थी। उन्हें फांसी की सजा न देकर आजीवन कारावास की सजा दी गई।

खून का बदला खून

लाहौर के एक क्रान्तिकारी सज्जन सिंह पर कत्ल का मुकदमा चल रहा था। सरकारी वकील ने जो उससे जिरह की, वह इस प्रकार थी-

वकील: मि. सज्जन सिंह आपके ऊपर मिलिटरी के कैप्टन करटिस की पत्नी की हत्या का आरोप है, क्या आपने श्रीमती करटिस की हत्या की है?

सज्जन सिंहः मैंने हत्या की नहीं है, वह तो हो गई।

वकीलः क्या आप अपने इस कथन का खुलासा करेंगे?

सज्जन सिंहः मेरे कथन का खुलासा यह है कि मैं कैप्टिन करटिस के बंगले पर श्रीमती करटिस को नहीं मिस्टर करटिस को मारने गया था।

वकीलः फिर आपके द्वारा श्रीमती करटिस की हत्या किस प्रकार हुई?

सज्जन सिंहः बंगले पर पहुंचकर मैंने जानना चाहा कि कैप्टन करटिस है या नहीं। मैं बंगले के अन्दर जाकर तलाश करना चाहता था, लेकिन श्रीमती करटिस ने मुझे अन्दर जाने से रोका। जब उन्होंने प्रबल प्रतिरोध किया तो मैंने उनको उठाकर फेंक दिया। मुझे क्या पता था कि इस तरह फेंके जाने से उनकी मृत्यु हो जाएगी।

वकीलः आपने उनके दो बच्चों को भी तो चोट पहुंचाई है। क्या उन मासूम बच्चों पर प्रहार करते हुए आपको शर्म नहीं आई?

सज्जन सिंहः जनाब मेरे द्वारा दो-चार चाटे जमा देने से तो उन बच्चों को चोट ही पहुंची है। मैं पूछना चाहता हूं जब जलियांवाला बाग में निरीह हिन्दुस्तानी बच्चों को बेरहमी के साथ गोलियों से भूना गया। उन्हें संगीनों पर उछाला गया और जब घायल बच्चों को रात भर पानी-पानी चिल्लाने पर भी एक बूंद पानी नहीं दिया गया, क्या उस समय अंग्रेज बहादुरों को शर्म नहीं आई थी?

वकीलः मैं आपसे पूछना चाहता हूं कि आखिर कैप्टन करटिस की हत्या करने के पीछे आपका उद्देश्य क्या था?

सज्जन सिंहः मेरा उद्देश्य यही था कि मैं अमृतसर और पेशावर में किए गए नरसंहार का बदला किसी अंग्रेज अफसर को मार कर लेना चाहता था।

वकीलः आप तो स्वयं मिलिटरी के सैनिक हैं, आपको तो अपने अफसरों के प्रति वफादारी निभानी चाहिए।

सज्जन सिंहः जनाब मैं वेतन पाने के लिए सेना में भरती नहीं हुआ था। मैं सेना में भरती हुआ इसी उद्देश्य से था कि मैं बन्दूक चलाना सीखूंगा और जब मुझे अवसर मिलेगा, मैं किसी अंग्रेज अफसर को पटक दूंगा।

वकीलः तो आप इकबाल करते हैं कि आप कैप्टिन करटिस की हत्या करने के इरादे से उनके बंगले पर गए थे और आपके प्रहार से श्रीमती करटिस की हत्या हुई है।

सज्जन सिंहः अगर खून का बदला खून से लेना कोई जुर्म है, तो मैं अपना जुर्म कबूल करता हूं।

सज्जन सिंह ने अपना जुर्म कबूल कर लिया था। न्यायाधीश ने उसे फांसी की सजा सुना दी। जब सज्जन सिंह फांसी के तख्ते पर चढ़ा तो उसने अमर शहीद भगत सिंह जिन्दाबाद का जोरदार नारा लगाया और वह फांसी के फन्दे पर झूल गया।

सज्जन सिंह लाहौर जिले के बालटोहा गांव का रहने वाला था। सन 1930 में वह पंजाब रेजीमेन्ट में भरती हुआ था। अप्रैल 1931 में उसे फांसी हो गई।

नौ सैनिक विद्रोह

आजाद हिन्द फौज की मातृभूमि के लिए वीरतापूर्ण लड़ाई से उत्प्रेरित होकर सन् 1945-46 में भारत में जगह-जगह सैनिक विद्रोह हुए। पहला विद्रोह कलकत्ता के दमदम हवाई अड्डे पर वायु सेना ने किया। इसका प्रभाव सेना के दूसरे अंगों और भागों तक पहुंचा। 18 फरवरी, 1946 को बम्बई में नौ सैनिकों ने देशव्यापी विद्रोह किया और अंग्रेज सैनिकों पर धावा बोल दिया। यूनियन जैक के स्थान पर कांग्रेस के झंडे लगा दिए गए। ब्रिटिश साम्राज्य के इतिहास में यह प्रथम अनहोनी घटना थी। सैनिक विद्रोह के समर्थन में 19 फरवरी, 1946 में देशव्यापी हड़ताले हुईं। इस संबंध में एक शासकीय रिपोर्ट के अनुसार सन् 1946 में 18 बार तीन लाख मजदूरों ने हड़ताल की जिनमें 27, 17, 000 घंटों का नुकसान हुआ। बम्बई में नौ-सैनिकों का जो विशाल जुलूस निकला था, उसमें इंकलाब जिन्दाबाद, हिन्दुस्तान को आजाद करो, आजाद हिन्द फौज को आजाद करो, इत्यादि नारों से आकाश गूंज उठा। इस विद्रोह में अंग्रेजों से जमकर लड़ाई हुई। सैकड़ों नाविक

सेना के लोग शहीद और हजारों लोग घायल हुए। यद्यपि सरदार पटेल की अपील पर सैनिकों ने हथियार डाल दिए, किन्तु इस घटना से अंग्रेज सरकार की प्रतिष्ठा गिर गई। अंग्रेज सरकार को स्पष्ट मालूम हो गया कि भारत पर अब अधिक समय तक शासन संभव नहीं हो पाएगा। सेनाओं में बढ़ते हुए असंतोष एवं विद्रोह के बाद ब्रिटिश शासकों ने यह अनुभव कर लिया था कि अब उनके दिन लद गए हैं। अतएव उन्होंने अब भारत छोड़कर जाने का निर्णय कर लिया। सैनिक विद्रोह के तुरन्त बाद ही ब्रिटिश प्रधान मंत्री एटली ने घोषणा की कि भारतीय समस्या को सुलझाने के लिए पैथिक लारेन्स, सर स्टैफोर्ड क्रिप्स और अलेक्डर भारत जाएंगे और भारतीय नेताओं से बातचीत करेंगे।

चार कटे सिरों का नजराना

बहादुर शाह के साथ उसके चार शहजादे– मिरजा मुगल, मिरजा खिजर सुल्तान, मिरजा अबूबकर और मिरजा अब्दुल्ला भी कैद कर लिए गए। जब यह काफिला जेलखाने के निकट पहुंचा तो बहादुरशाह और बेगम जीनतमहल की पालकियों को एक तरफ बढ़ा दिया गया और शहजादों को दूसरी दिशा में ले जाकर उन्हें रथ से उतारा गया। शहजादों के हाथ–पैर बंधे थे। मेजर हडसन ने स्वयं चारों शहजादों का कत्ल किया और उनका गर्म खून अपनी चुल्लू में भरकर पी गया। शहजादों का खून पीते हुए उसने कहा।

"मेरे हृदय में प्रतिहिंसा और प्रतिशोध की आग इतनी भड़क रही थी कि यदि मैं इन शहजादों का खून न पीता तो वह आग शान्त न होती।"

इतने से ही हडसन की प्रतिशोध–ज्वाला शान्त न हुई। चारों शहजादों के सर काट कर, उन्हें एक थाल में रख कर बहादुर शाह के पास पहुंचा और कहा–

"आप बादशाह हैं। मैं आपको नजराना भेंट कर रहा हूं इसे स्वीकार कीजिए।"

बहादुर शाह अपने बेटों के कटे हुए सिर अपने हाथों में लेकर खून के घूंट पीकर रह गया। उसने अपने होश सम्हालकर कहा, "अनहम्दुल्लिाह! तैमूर की औलाद ऐसी ही सुर्खरू होकर बाप के सामने आया करती थी।"

इसके बाद शहजादों की लाशें कोतवाली के सामने लटकाई गई और उनके कटे हुए सर जेलखाने के सामने खूनी दरवाजे पर लटका दिए गए।

मेजर हडसन ने अपमाना करने के लिहाज से बहादुर शाह जफर से कहा,

"दमदमें में दम नहीं, अब खैर मांगों जान की।
अय जफर, ठण्डी हुई अब तेग हिन्दुस्तान की।।"

बहादुर शाह जफर अपमान के इस कोड़े से तिलमिला गया। उसने ईट का जवाब पत्थर से देकर कहा।

गाजियों में बू रहेगी जब तलक ईमान की।
तख्ते लन्दन तक लेगी तेग हिन्दुस्तान की।।

बहादुर शाह जफर को कैद करके बर्मा भेज दिया गया। रंगून के कैदखाने में भारतवर्ष के उस अन्तिम मुगल सम्राट ने 7 नवम्बर, 1862 को प्राण त्याग दिए।

गोली कहाँ लगी-पीठ पर या सीने में

छोटे-छोटे बच्चों में भी विचित्र जागृति आ गई थी।

लेकिन पटना के नौजवानों ने तो अपने बलिदानों से इतिहास को भी थर्रा दिया था। नौजवानों की एक मतवाली टोली पटना सेक्रेटेरियट के

सामने जुलूस के रूप में पहुंची, उसका जीवन्त वर्णन 'सन बयालिस का विद्रोह' से यहां प्रस्तुत किया जा रहा है-

"जुलूस आजादी के नशे में चूर सेक्रेटेरियट पहुंचा। सभी लोग अपनी जान हथेली पर लिए हुए थे। अतएव आजादी के इन दीवानों को कौन रोकने वाला था। जहां देखो, वहीं अजीब मस्ती थी। उधर आर्चर गुरखा सिपाहियों के साथ सेक्रेटेरियट के सामने डटा खड़ा था। फौजी लोग अपनी-अपनी भयावनी राइफलें लिए तैयार खड़े थे।

मि. आर्चर ने गरजते हुए लोगों से पूछा- तुम क्या चाहते हो?

झंडा फहराना! एक छोटे से छात्र ने आवेश के साथ उत्तर दिया।

कौन झंडा फहराना चाहता है, वह जरा आगे आ जाए, आर्चर ने झल्लाकर कहा।

देखते ही देखते ग्यारह छात्र जुलूस को चीरते हुए आगे आकर कतार में खड़े हो गए। उनका सीना गर्व के साथ आगे निकला हुआ था तथा आंखे क्रोध के मारे लाल हो रही थी। आर्चर ने एक छोटे-से छात्र की ओर संकेत करते हुए कड़ककर कहा- 'झंडा फहराना चाहता है, झंडा। झंडा फहराने से पहले अपना सीना खोल ले!'

आर्चर का कहना था कि उस छात्र ने दोनों हाथों से अपना कुरता फाड़ा और सीना खोलकर सामने कर दिया। वह कतार में से एक कदम आगे निकल आया।

आर्चर उस लड़के के साहस की कदर नहीं कर सका। उसने तुरंत हुक्म दिया- 'गोली चलाओ।' और उसी क्षण देखते-देखते वे ग्यारहों वीर गोली के शिकार हो गए। फिर क्या था? गोलियों की बौछार होने लगी। जनता घायल हुई, पर डटी रही। इतने में जयघोष हुआ- 'वंदेमारतम्! अंग्रेजों भारत छोड़ो!' लोगों की आंखें सेक्रेटेरियट के गुम्बद की ओर गई। देखा, एक दुबला-पतला नौजवान हाथ में रितंगा झंडा लिए मुस्कुरा रहा है। अपार जनसमूह समुद्र की भांति उमड़ पड़ा। उसका बलिदान सफल हुआ। कमीने फौजी उस समय तक वहां से हट चुके थे। सेक्रेटेरियट के गुम्बद पर लहराता हुआ तिरंगा झंडा ऐसा प्रतीत होता था मानो वह आजादी के इन अमर शहीदों की विमल कीर्ति को हवा के झोकों के साथ भूमंडल के इस कोने से उस कोने तक पहुंचा रहा हो।

छह विद्यार्थियों की मृत्यु वहीं हो चुकी थी। बाकी चार अस्पताल ले

जाए गए। एक को आपरेशन के लिए टेबिल पर लिटाया गया। कुछ देर के बाद उसकी मूर्छा टूटी। झट बालक ने आतुर भाव से डॉक्टर से प्रश्न किया– 'मुझे गोली कहां लगी है, पीठ पर या सीने में?' डॉ. लड़के के भाव को समझ गया। उसने गोली के घाव की ओर इशारा करते हुए कहा– 'गोली सीने के बीच में लगी है!' लड़का कुछ मुस्कराया और बड़े गर्व के साथ धीमे स्वर में बोला– 'अच्छा, लोग यह तो नहीं कहेंगे कि भागते हुए को गोली लगी थी!' बस अंतिम शब्द के साथ उसके प्राण पखेरू इस नश्वर शरीर को त्यागकर उड़ गए। वह बालक तो आज दुनिया में नहीं है, किन्तु उसका बलिदान भारत के स्वतंत्रता के युद्ध में अमर हो गया है।

घायलों के शरीर से जो गोलियां निकाली गई थी, उनकी जांच करने से पता चला कि वह दमदम गोलियां थीं, जिनका व्यवहार अंतरर्राष्ट्रीय विधान के मुताबिक युद्ध-काल में भी मना है।"

क्रूर जेलर - बलिदानी सिपाही

सुभाष का सारा शरीर ज्वर से बेतरह जल रहा था। वह अति मद्धिम स्वर में बोले, "पानी...पानी"

जेलर पास आया। उसने जोर से जमीन पर बूट पटके। वह मुस्कराते हुए बोला, "क्रांटि देवटा को पानी चाहिए।"

"वंदे मारतम् बोलो मि. सुभाष पानी वही देगा। जेलर की विदूपमयी मुस्कान चाकू की तेज धार-सी चमक रही थी।

सुभाष का दम घुटने लगा था। उनका अंग-अंग दुख रहा था। फिर भी वह मौन साधे रहे।

"सटटा से टकराने का नतीजा समझ में आया, मि. सुभाष! अब भी वक्त है, संभल जाओ वंदे मारतम् में कुछ नहीं रखा है। है टो उससे पानी मांगो, वह होगा टो पानी देगा।....हम भी टो देखें कि उसमें किटनी टाकत है।" जेलर की मूंछे बल खा रही थी।

सुभाष से बोलना बन नहीं पा रहा था। वह अभी अर्धचेतनावस्था में ही थे। उनके ध्यान में मां दुर्गा आ चुकी थी। जेलर बार-बार विद्रूपबाण चला रहा था। उसने पुलिस कांस्टेबल से पानी मंगवाया और सुभाष के

पास ले जाकर फैला दिया। सुभाष की देह पर कुछ छीटें पड़े लेकिन न उनमें क्रोध जगा और न आवेग उठा। वह चुप बने रहे।

उस पुलिस कांस्टेबल से सुभाष के प्रति जेलर का यह क्रूर मजाक बर्दाश्त नहीं हुआ। सुभाष अति मन्दिम स्वर में कह उठे थे "वंदे मातरम्! वंदे मातरम्।"

जेलर गुर्राया और सुभाष की नकल बनाता हुआ बोला, "वंदे माटरम की दुम...मरो प्यासे और रोटे रहो वंदे माटरम् को।"

वही पुलिस कांस्टेबल पुनः पानी लेकर लौटा और जोर से बोला "लाट साहब की औलाद हमारे क्रांतिकारी नेताजी की ताकत देखो।" इसके बाद उसने सुभाष का सिर अपनी गोदी में रखा और पानी पिलाने लगा। जेलर चीखता-चिल्लाता रहा। गाली निकालता रहा परंतु उस पुलिस कांस्टेबल ने उसकी एक नहीं सुनी और सुभाष को पानी पिलाकर कड़कदार आवाज में बोला, "नेताजी सुभाष को तेज ज्वर है, जेलर साब।"

"टो हम क्या करें...और टुम डेमफूल उसे पानी पिलाटा है...आई विल सी यू....।" जेलर गरजते हुए बोला।

"गाली नहीं, कुत्ते की औलाद!... वो हमारे नेताजी है;...हमारे प्राण हैं...जे तमगा...पेटी...जे टोपी सोटी को हजार बार लात मारता है पाजी!" इसी के साथ उसने पुलिस की बरदी को उतार फेंका।

सुभाष फटी-फटी आंखों से वह अदभुत दृश्य देखते रह गए। धीरे-धीरे उनकी आंखों में बिजली चमकने लगी। वह पुलिस कांस्टेबिल जोर-जोर से नारे लगा उठा, ''वंदे मातरम्... वंदे मातरम्... वंदे मातरम्...नेताजी सुभाष जिदांबाद हमारी आजादी अमर रहे।"

"चोऽप, स्टुपिड... टुमने ड्यूटी पर बगावट की है। अनुशासन टोड़ा है। तुम्हें इसकी सजा मिलेगी। ऐसी सजा कि फिर कोई अनुशासन तोड़ने का नाम न ले सके।"

"कौन देगा हमें सजा?" वह पुलिस कान्स्टेबल बोला, "टुम देगा...पालटू कुट्टा तुम।" उसने उसकी नकल उतारना शुरू किया।

वह पुलिस कांस्टेबिल जेल से बाहर चला गया। दूसरे दिन जेल में समाचार मिला कि उस पुलिस कांस्टेबिल को सरकारी ड्यूटी पर इंकलाबियों का साथ देने और जेल से भाग खड़ा होने के कारण पुलिस ने उसका पीछा किया। उसके नहीं रुकने पर गोली चलानी पड़ी। वह मारा गया। (1931)

देशी तलवार की गूंज इंग्लैंड तक

1857 के गदर के नाम से विख्यात भारतीय स्वाधीनता संग्राम की प्रथम लड़ाई में हमारे रणबांकुरों ने जिस हिम्मत और बहादुरी से अंग्रेज फौज के छक्के छुड़ाए उसके किस्सों से इतिहास लबालब है। हथियारों और युद्ध के साजो-सामान की आधुनिकता के कारण अंग्रेजों ने स्वाधीन होने की ललक को भारतीय योद्धाओं के सीने में दबा तो दिया लेकिन अंग्रेजी फौज के अफसर हिन्दुस्तानियों की बहादुरी के कायल हो गए। गदर के बाद अनेक अफसरों ने इंग्लैंड लौटकर संस्मरण लिखे। ऐसे ही अफसरों में एक था- फोब्स माइकेल।

गदर के वक्त फोब्स माइकेल लखनऊ से सार्जेन्ट के पद पर तैनात था। फोब्स इंग्लैण्ड गया और गदर के अनुभवों पर आधारित एक संस्मरणात्मक पुस्तक लिखी। इस पुस्तक में फोब्स ने हिन्दुस्तानियों की तलवार के निर्माण की तकनीक का वर्णन किया है। यह वर्णन चौंकाने वाला ही नहीं वरन रोचक भी है।

सार्जेन्ट फोब्स माइकेल पर गदर का मुकाबला करने की पूरी जिम्मेदारी थी। आमने-सामने की जंग जोरों पर थी। आजादी के लिए मचलते हिन्दुस्तानियों की बहादुरी देखते ही बनती थी। वे अंग्रेजी फौज पर टूट पड़े थे। फौज में खलबली मच गई। एक-एक वीर चार-चार फिरंगियों पर हावी था। अंग्रेज अफसरों में मंत्रणा हुई और जानने की कोशिश हुई कि तोप और बंदूकों के आगे हिन्दुस्तानी गदर मचाने में क्यों कामयाब हैं? मालूम हुआ कि हिन्दुस्तानी तलवार के आगे बरमिंघम में निर्मित अंग्रेजी तलवार फीकी है। यह किसी भी मायने में टिकती नहीं। आश्चर्य की बात यह थी कि तब बरमिंघम की तलवारें दुनिया भर में मशहूर थीं।

फोब्स माइकेल ने अपने संस्मरणों में भारतीय तलवार के जौहर के कई आंखों से देखे उदाहरण दिए हैं। इनमें से कुछेक का उल्लेख करना अनुचित न होगा।

आमने-सामने की लड़ाई में तलवारों की टंकार रणभूमि में गूंज रही थी। तभी एक योद्धा जेम्स रेड्डी नामक अंग्रेज फौजी पर बिजली की गति से टूटा। तलवार के एक ही वार से जेम्स का सर दो भागों में बंट गया।

जेम्स जमीन पर गिरे उससे पूर्व भारतीय वीर ने उसके शरीर पर तलवार से दूसरा वार किया। धड़ दो हिस्सों में बंटकर जमीन पर जा गिरा। जेम्स के दो अन्य भाई भी इस जंग में हिस्सा ले रहे थे। जेम्स के दूसरे भाई जॉन की नजर इस अकल्पनीय दृश्य पर पड़ी। क्रोध में आग बबूला जॉन भारतीय योद्धा की ओर लपका।

वृद्ध जॉन रीड ने अचानक अपनी बन्दूक की बोनट योद्धा पर दे मारी। योद्धा दम तोड़े इससे पूर्व उसने अपनी तलवार से जॉन रीड के कंधे पर जोरदार प्रहार किया। तलवार उसकी छाती चीरती हुई जनेऊ की शक्ल में साफ निकल गई। भारतीय वीर तलवार के इस वार को जनेऊ काट वार कहते थे। घायल योद्धा ने भी दम तोड़ दिया और जॉन का शरीर दो भागों में विभक्त हो गया। तीसरा भाई सार्जेन्ट डेविक मौके पर आया। उसने निश्चेष्ट पड़े योद्धा की तलवार उठाई और मरे योद्धा की गर्दन पर वार कर दिया। गर्दन धड़ से ऐसे अलग हो गई मानो बन्दगोभी हो।

अंग्रेजी अफसरों ने तब इस तलवार की जांच कराई। मालूम हुआ कि भारतीय लोग किसी तलवार को प्रयोग में लाने से पूर्व उसकी परीक्षा लेते थे और परीक्षण का देशी तरीका अंग्रेजों को चौंकाने वाला था।

एक बड़ी मछली जिसे रुई में लपेट कर चारपाई पर रखा जाता था। तलवार के एक बार से यदि मछली दो भागों में बंट जाए, समझो तलवार जंग के मैदान में भेजे जाने योग्य थी। अन्यथा इसको प्रयोग में नहीं लाया जाता था। तलवार को प्रयोग में लाने से इसकी धार और ज्यादा घातक बन जाए, इसके लिए इसे आर्सेनिक के घोल में डुबाया जाता था।

फोब्स माइकेल ने ब्रिटिश अधिकारियों को सलाह दी कि बरमिंघम में बनाई जा रही तलवारों के निर्माण में सुधार लाया जाए और इसके लिए हिन्दुस्तानी तलवार की निर्माण तकनीक को मॉडल के रूप में सामने रखा जाए।

6¼ का आदमी कोठरी 2½ x 2½ की

अण्डमान की एक ढाई फुट चौड़ी, ढाई फुट लम्बी काल कोठरी में एक सवा छह फुट लम्बे कद्दावर विद्रोही सरदार भान सिंह को विशेष दण्ड देकर डाल दिया गया। अपराध यही था कि भान सिंह देशभक्ति पूर्ण गाने गाते रहते थे और उन्हें रोका जाता था तो किसी की मानते नहीं थे।

भान सिंह पंजाब के लुधियाना जिले के सुनेत गांव के रहने वाले थे। पहले सेना में नौकरी की और फिर नौकरी छोड़-छाड़ कर अमेरिका चले गये। गदर-पार्टी की लहर ने भान सिंह को खींच लिया और गदर-पार्टी के पहले जत्थे के साथ 'कोरिया' जहाज द्वारा आप देश की आजादी की लड़ाई लड़ने के लिए भारत चल दिये। रास्ते भर मस्ती से राष्ट्रीय गीत गाते थे और जहाँ भी जहाज रुकता, बड़ी जोर से ऐलान करते जाते थे कि हम लोग देश की आजादी की लड़ाई लड़ने जा रहे हैं। 29 अक्टूबर, 1914 को कलकता पहुंचते ही भान सिंह गिरफ्तार कर लिये गए। कुछ दिनों तक मिण्टगुमरी जेल में रख कर छोड़ दिया गया। सक्रिय रूप से गदर के कार्यो में हिस्सा लेने लगे। फिर पकड़े गए, मुकदमा चला और आजीवन कारावास का दण्ड देकर कालेपानी की काल कोठरी में डाल दिया गया।

पहले भान सिंह को एक बड़ी कोठरी में सबसे नीचे की मंजिल में रखा गया था। जेल के अधिकारियों के साथ झगड़ा करने के अपराध में छह महीने की दण्ड-बेड़ी की सजा देकर दूसरी मंजिल की कोठरी में डाल दिया गया। झगड़ा करने से फिर भी बाज नहीं आए। खून विद्रोही था, अन्याय बर्दाश्त न होता था, झगड़ बैठते थे। अब जो दण्ड दिया गया वह यह कि प्रतिदिन की खुराक भी आधी कर दी गई और पानी भी आधा कर दिया गया। भान सिंह तो उन व्यक्तियों में थे कि जो भोजन उन्हें

पहले दिया जाता था, वह भी कम पड़ता था। जब भोजन आधा कर दिया गया तो बहुत कष्ट होने लगा। भोजन की मात्रा आधी कर देने से ज्यादा कष्टप्रद दण्ड था पानी की मात्रा आधी कर देने का दण्ड। अण्डमान जैसे गर्म स्थान में हर घण्टे पानी पीना पड़ता था।

भान सिंह अपनी हेकड़ी फिर भी नहीं भूले और वे अधिक ऊंचे स्वर में कौमी तराने अलापने लगे। जेल के अधिकारी तो उन्हें झुकाने पर तुले हुए थे। भान सिंह का संकल्प था कि टूट जाऊंगा, पर झुकूंगा नहीं। चिढ़ कर जेल के अधिकारियों ने उन्हें तीसरी मंजिल पर ढाई फुट लम्बी और ढाई फुट चौड़ी कोठरी में डाल दिया। कहां भान सिंह की लम्बाई सवा छह फुट और कहां कोठी की लम्बाई ढाई फुट। गुड़ी-मुड़ी होकर पड़े रहते थे और जब हाथ पैर अकड़ने लगते थे तो खड़े हो जाते थे। कभी-कभी कोने में खड़े होकर ही नींद निकालनी पड़ती थी।

एक दिन जेल का अंग्रेज सुपरिटेन्टेण्ड निरीक्षण के लिए ऊपर पहुंचा। भान सिंह से कहा-सुनी हो गई। अंग्रेज अधिकारी भान सिंह को गाली दे बैठा। भान सिंह शेर की तरह गरज उठे और अधिकारी को काफी बुरा-भला कहा। उस अंग्रेज अधिकारी को यह अनुभव पहला ही था।

क्रोध में आकर उसने दस-पन्द्रह अपराधी कैदी भान सिंह पर छोड़ दिये। कोठरी से बाहर घसीट कर वे भान सिंह पर पिल पड़े। भान सिंह का अंग-अंग तोड़कर रख दिया। मुंह से भी खून की उल्टियां होने लगी। उठाकर कैदियों के अस्पताल में डाल दिया गया। लगभग दो महीने तक भान सिंह को खून की उल्टियां होती रही। और वह स्वतंत्रता प्रेमी अपने नश्वर शरीर को छोड़कर इस संसार से मुक्त हो गया। (1919)

राजगुरु की अग्निपरीक्षा

क्रान्तिकारियों ने आगरा शहर में एक अद्द मकान किराये पर ले रखा था। समय-समय पर वहीं उनकी गुप्त सभाएं होती थीं। दल के सदस्य विचार-विमर्श करते थे। सन् 1928 की बात है। एक दिन भैया (चन्द्रशेखर आजाद) साथियों को 'पुलिस टार्चर' पर विस्तारवूर्पक समझा रहे थे कि गिरफ्त में आए क्रान्तिकारियों पर सी.आई.डी. और पुलिस वाले कैसे-कैसे जुल्म ढाते हैं। यातनाएं इस कदर देते हैं कि बड़े से बड़ा सहनशील व्यक्ति भी सब कुछ उगलकर रख दे। अतः एक स्वाभिमानी क्रान्तिकारी के लिए यही श्रेयस्कर है कि वह किसी भी हालत में पुलिस के चुंगल में न फंसे। फिर भी यदि बचाव का कोई अन्य रास्ता नजर न आये तो दुश्मन के साथ डटकर मोर्चा लेते-लेते अपने प्राणों की आहुति तो दे ही सकता है।

दल का एक नियम यह भी था कि सभी सदस्य बारी-बारी से घरेलू काम-काज निबटाते रहते थे। उस दिन खाना बनाने की बारी राजगुरु की थी। वे रसोई घर में बैठे रोटियां भी सेंकते जाते और बड़े ध्यान से कान लगाये आजाद भैया की बातें भी सुनते जाते थे। इस बात का उन पर बेहद प्रभाव पड़ा। अचानक उन्हें ऐसा आभास हुआ जैसे उनका भी आत्मविश्वास डिगने लगा हो। उन्होंने तुरन्त अपनी परीक्षा लेने की ठानी और धधकते हुए चूल्हे में संड़सी डाल दी। जब वह अंगारों के बीच पड़ी-पड़ी सुर्ख हो गयी, तो फौरन उठाकर अपने सीने से चिपका ली। खाल जलने लगी। इसी प्रकार उन्होंने अपना सारा सीना धधकती हुई संड़सी से सात बार छेद डाला ओर मुंह से उफ तक न की।

रात में सोते-सोते राजगुरु के मुंह से अनायास ही कराहने जैसी आवाज निकली। आजाद उनकी बगल में ही जमीन पर लेटे थे। वे एकदम चौंककर उठे और देखा कि राजगुरू सो तो रहे हैं, साथ ही सीने पर हाथ रखे कराह भी रहे हैं। उन्होंने फौरन जगाकर इसका कारण जानना चाहा। अन्त में आजाद के विशेष आग्रह पर उन्हें बताना ही पड़ा कि खाना बनाते समय उन्होंने उनकी सब बातें सुन ली थीं और दरअसल वे यह जानना चाहते थे कि कहीं 'पुलिस जुल्म' के सामने वे दल के बारे में सब कुछ उगलकर रख तो नहीं देंगे।

"हाय रे! तुने यह क्या कर डाला?" कहकर आजाद ने अपना सिर पीट लिया। आंखों में आंसू और हृदय में विषाद लिए बोले, "मैंने तेरे लिए

थोड़े ही कहा था कि तू डिग जायेगा। मैं तो पुलिस के अत्याचार और उनके भेद उगलवाने वाले तौर-तरीके बता रहा था।"

राजगुरु निरूत्तर थे। टिमटिमाते हुए चिराग की रोशनी में आज उन्होंने पहली बार अपने आजाद भैया की आंसू-भरी आंखें देखी थी। इन आंसुओं में उन्होंने सब कुछ पा लिया- उनका अटल विश्वास, असीम प्यार।

तुरन्त राजगुरु की कमीज उतरवाकर देखा तो सीने पर बड़े-बड़े सात फफोले दखाई दिये। आधी रात के समय कुछ घरेलू उपचार के अलावा वे कर भी क्या सकते थे। (1929)

स्वतंत्रता संग्राम में मजदूरों की भूमिका

प्रथम विश्वयुद्ध के बाद लोकमान्य बाल गंगाधर तिलक और लाला लाजपत राय आदि जैसे जुझारू साम्राज्यवाद-विरोधी नेताओं ने अखिल भारतीय स्तर पर मजदूर वर्ग को संगठित करने एवं उन्हें स्वतंत्रता संघर्ष में शामिल करने का प्रयास शुरू कर दिया।

1908 में बंबई टेक्सटाइल मिलों के करीब डेढ़ लाख मजदूरों ने तिलक की गिरफ्तारी के विरोध में छह दिनों की हड़ताल की। उन्हें गिरफ्तार करके मांडले जेल भेज दिया गया था। वह मजदूर वर्ग की पहली राजनीतिक जन कार्रवाई थी।

इसके पहले 1905 में सरकारी प्रिटिंग प्रेस के मजदूरों ने गजट का मुद्रण करने से इन्कार कर दिया जिसमें बंगाल के विभाजन की अधिसूचना दी गयी थी।

1918 से 1920 तक मजदूर वर्ग ने अनेक हड़ताल कार्रवाइयां की क्योंकि कीमतों में तो वृद्धि हुई लेकिन वेतन में कोई बढ़ोत्तरी नहीं की गयी। 1920 के प्रथम छह महीनों में देशभर में करीब 15 लाख मजदूरों से हड़ताल की।

नवंबर 1921 में बंबई के मजदूरों ने हड़ताल करके एवं रोषपूर्ण प्रदर्शन करके वेल्स के राजकुमार का स्वागत किया। इसके फलस्वरूप वफादारों

के साथ संघर्ष हुआ और मजदूरों के खिलाफ प्रादेशिक सेना तैनात कर दी गयी और अनेक मजदूर मारे गये।

1927 में मजदूरों ने अनेक औद्योगिक केन्द्रों में मई दिवस मनाना शुरू किया, हालांकि 1923 में मद्रास में सिंगारवेलु चेट्टियार द्वारा प्रथम मई दिवस मनाया गया था।

1925 में बंबई के कपड़ा मजदूरों ने हड़ताल की जिसके फलस्वरूप उत्पाद शुल्क स्थापित कर दिया गया और वेतन कटौती वापस कर दी गयी। हड़ताल को इंग्लैंड, सोवियत संघ तथा जर्मनी के मजदूर वर्ग से समर्थन मिला।

शोलापुर में पचास हजार कपड़ा मजदूरों ने मई 1930 में गांधीजी की गिरफ्तारी के विरुद्ध काम बंद कर दिया। आबादी के अन्य तबकों के साथ मिलकर मजदूरों ने शहर पर नियंत्रण स्थापित कर लिया और अपना शासन स्थापित कर लिया। ब्रिटिश शासकों ने माशाल लॉ की घोषणा कर दी और निर्ममतापूर्वक आंदोलन को दबा दिया गया। चार मजदूरों को सार्वजनिक रूप में फांसी दे दी गयी।

1934 में रेशनलाइजेशन, वेतन कटौती एवं छंटनी के खिलाफ व्यापक हड़तालें हुई। समय-समय पर दमन के बावजूद ट्रेड यूनियन आंदोलन ने प्रगति की।

1 सितंबर 1939 को द्वितीय विश्वयुद्ध शुरू हो गया। वाइसराय ने युद्ध में भारत की भागीदारी की घोषणा की। बंबई के 90000 से भी अधिक

मजदूरों ने 2 अक्टूबर 1939 को साम्राज्यवादी युद्ध के खिलाफ काम बंद कर दिया।

कीमतें बढ़ रही थीं। महंगाई भत्ता तथा युद्ध बोनस की मांग करते हुए अनेक हड़तालें हुई।

1946 में शाही भारतीय नौसेना के सैनिकों ने विद्रोह कर दिया और पोतों पर कब्जा कर लिया। बंबई में मजदूरों ने हड़ताल कर दी जिससे करीब 3 लाख मजदूरों ने हिस्सा लिया। ब्रिटिश सैनिकों ने प्रदर्शनकारियों पर गोलियां चलायीं जिसमें सरकारी आंकड़ों के अनुसार 250 लोग मारे गये। गैर सरकारी अनुमानों के अनुसार 400 से अधिक लोग मारे गये।

मजदूर वर्ग ने स्वतंत्रता संग्राम के दौरान एक महत्त्वपूर्ण भूमिका अदा कर राष्ट्रीय आंदोलन के कार्यक्रमों को प्रभावित किया।

साड़ी का पल्लू फाड़कर झंडा लहराया

स्वतंत्रता संग्राम में केवल पुरुषों का ही योगदान नहीं रहा, बल्कि महिलाओं ने भी इसमें सक्रिय भाग लिया। सक्रिय रूप से स्वाधीनता संग्राम में भाग लेने के लिए नारी की सामर्थ्य पर किसी को भरोसा भी नहीं था। आनंद मठ में बंकिम चंद्र ने एक स्थान पर स्वामी सत्यानंद से कहलवाया भी है- "आनंद मठ में नारी का प्रवेश वर्जित है, क्योंकि उनका क्रांति व्रत में दीक्षित होना संदिग्ध हैं।"

इसका उत्तर भी इसी में एक स्थान पर मिलता है। महामाया कहती है- "मातृभूमि के लिए प्राणोत्सर्ग करना केवल पुरुषों का ही अधिकार नहीं है, स्त्रियां भी इस संदर्भ में महत्त्वपूर्ण भूमिका निभा सकती हैं।"

इस कथन को स्वतंत्रता की दीवानी कई महिलाओं ने सार्थक किया। मैडम भीकाजी कामा उनमें से एक थीं। कोई अनुमान भी नहीं लगा सकता था कि संपन्न पारसी परिवार में जन्मी एक कमजोर-सी बालिका एक दिन भारत के बाहर अपने नेतृत्व में क्रांति के लिए संघर्ष करेगी।

भीकाजी कामा का जन्म 24 सितंबर, 1861 को हुआ था। बंबई के सोदाब जी पटेल की नौ संतानों में से वह एक थी। उसके पिता उसे अंग्रेजी

स्कूल में शिक्षा दिलाकर पश्चिमी संस्कृति के बीज बोना चाहते थे। लेकिन भीकाजी कामा तो भारत की पुत्री थी। भारतीयों की अपमान भरी जिंदगी उसके लिए असहय थी। उनकी गरीबी व अपमान उनसे देखा नहीं जाता था।

सन् 1885 में जब कांग्रेस की स्थापना हुई, तभी से वे कांग्रेस के कार्यों के लिए समर्पित हो गई। उन्होंने सबसे पहले सभी वर्गों की स्त्रियों के कल्याण का बीड़ा उठाया।

उनके पिता ने उनका विवाह भी जल्दी ही कर दिया, लेकिन इससे उनके कार्य में बाधा नहीं पड़ी। उन्होंने विदेश यात्राएं शुरू कर दीं। 1905 में वे लंदन पहुंची। भारत के सवतंत्रता सेनानी व सम्माननीय नेता दादाभाई नौरोजी उन दिनों लंदन में थे। उनकी सचिव के रूप में भीकाजी कामा ने डेढ़ साल तक कार्य किया।

1907 में उन्होंने जर्मनी के स्टूटगार्ड नगर में आयोजित अंतर्राष्ट्रीय समाजवादी सम्मेलन में भाग लेकर भारत का प्रथम राष्ट्र ध्वज फहराया। इस झंडे को फहराते हुए उन्होंने कहा था– "मेरे देश की परिपाटी है, अपने राष्ट्रीय झंडे तले बोलना। खेद है कि इस समय मेरे पास मेरे देश का अपना झंडा नहीं है। पर कोई बात नहीं।" उत्तेजना में आकर उन्होंने मंच पर ही अपनी रंगीन साड़ी का पल्लू फाड़ा और उसे भारतीय झंडे के रूप में गर्व से लहरा दिया। फिर कहा– "यह है मेरे राष्ट्र की पताका, इसे प्रणाम करो।" पंडाल, 'लांग लिव इंडिया' के नारों और तालियों से गूंज उठा। साथ ही गूंज उठी मैडम कामा की यह पुरजोर अपील "भारतवासियों उठो और अत्याचार के विरुद्ध सिर ऊंचा कर सीना तानकर खड़े हो जाओ।"

जीवन पर्यंत देशसेवा में लगी रहने वाली इस महान नारी का 13 अगस्त 1937 को बंबई में देहांत हो गया।

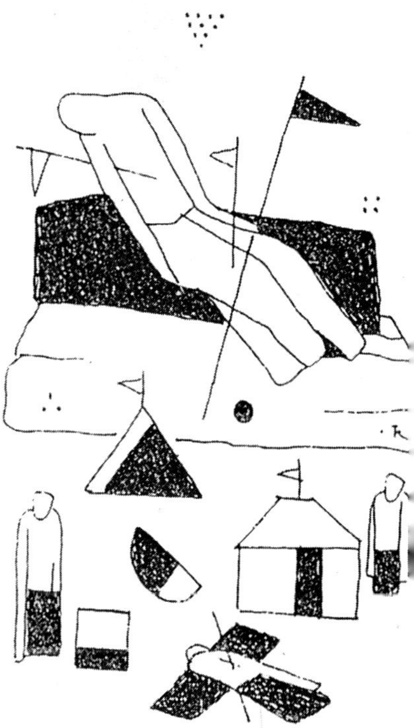

महावीर सिंह सचमुच महावीर था

बेल्लारी जेल की उस घटना की गूंज दूर-दूर तक हो गई जब महावीर सिंह ने मुक्केबाज जेल-सुपरिटेन्डेन्ट पर 'सौ सुनार की एक लुहार की' कहावत चरितार्थ कर दी। उनके एक मुक्के ने उस जालिम को दिन में तारे दिखा दिए और उस दिन से उसने किसी अन्य कैदी के साथ मुक्केबाजी का साहस नहीं किया। लेकिन वह महावीर सिंह का मुक्का खाकर उन्हें कोई अन्य दण्ड दिए बिना कैसे छोड़ता। उसने महावीर सिंह को तीस बेंतों की सजा सुना दी।

वेल्लारी जेल में महावीर सिंह को तीस बेंतों की सजा देने की तैयारियां होने लगी। जिस बेंत से मारना था, उसे पानी में गला दिया गया। सुपरिन्टेन्डेन्ट ने जेल का मुआयना करके एक तगड़े कैदी बॉर्डर को बेंत मारने के लिए चुना। उसे शराब पिलाई गई और कहा गया कि बेंत के साथ कुछ खाल उधड़ना जरूरी है। उसे चेतावनी दी गई कि जितने बेंतों से पीठ पर जख्म नहीं होंगे, उतने बेंत तुमको भी लगाए जाएंगे। हर बेंत के साथ चमड़ी उधड़ने पर उसे पुरस्कृत करने का आश्वासन दिया गया। महावीर सिंह को बेंतों की सजा पाने के लिए कोठरी से निकाला गया।

महावीर सिंह को टिकटिकी के पास ले जाया गया। वह एक लकड़ी की भारी तिपाई थी जिसके तीनों पैर जमीन पर गहरे गाड़ दिए गए थे, जिससे वह हिले-डुले नहीं। महावीर सिंह को निवर्सन किया गया। उसके दोनों हाथ टिकटिकी के ऊपरी भाग में लटकते हुए लोहे के कड़ों के साथ बांध दिए गए। दोनों पैर भी टिकटिकी की नीचे की टांगों से बांध दिए गए। उसकी कमर भी एक बैल्ट से टिकटिकी के मध्यम भाग के साथ कस कर बांध दी गई। निर्वसन नितम्बों और पीठ पर बेंतों की चित्रकारी की सभी सम्भावनाएं पूर्ण कर दी गईं।

जेल सुपरिन्टेन्डेन्ट अपने पूरे अमले के साथ बेंत-प्रहार का आनन्द लेने के लिए पहुंच गया। मुख्य वॉर्डर ने आदेश पाने की दृष्टि से जेल-सुपरिन्टेन्डेन्ट की ओर देखा। जेल सुपरिन्टेन्डेन्ट ने आंखों के इशारे से अपनी स्वीकृति दे दी। मुख्य वॉर्डर ने बेंत लगाने वाले कैदी वॉर्डर को बेंत लगाने का आदेश दिया। कैदी वॉर्डर ने भीगा हुआ बेंत अपने सीधे

हाथ में थामा और एक बार उसे हवा में घुमाकर 'सांय' की आवाज पैदा की। फिर उसने दो कदम पीछे हट कर एक भरपूर हाथ महावीर सिंह के नंगे बदन पर उतार दिया। पहले हाथ ने ही उतने स्थान की चमड़ी उधेड़ दी और खून की कुछ बूंदे भूमि पर टपक पड़ी। मुख्य वॉर्डर ने पहली गिनती गिनी-एक।

कैदी वॉर्डर ने फिर बेंत सम्हाला और दूसरे स्थान पर उतनी ही ताकत के साथ फिर उसे महावीर सिंह के शरीर पर उतार दिया। उस स्थान की भी खाल उधड़ गई और उस स्थान से भी खून चूने लगा। मुख्य वॉर्डर ने गिनती आगे बढ़ाई दो।

कैदी वॉर्डर का हर हाथ पूरी तरह और पूरे संकल्प के साथ महावीर सिंह के निर्वसन नितम्बों पर पड़ने लगा। अब तो खून की फुहार उड़ने लगी और ताजे मांस के रेशे भी उड़ने लगे। टिकटिकी के नीचे खून की धाराएं बहने लगी। वह क्रान्ति-वीर भी हर बेंत के साथ अधिक उत्साह और अधिक जोर के साथ 'इंकलाब-जिन्दाबाद' का नारा बोलता गया। तीस की गिनती पूरी हुई। टिकटिकी से महावीर सिंह के हाथ पैर खोल दिए गए। उसे लिटा कर ले जाने के लिए स्ट्रेचर तैयार रखा गया था। मुख्य वॉर्डर स्ट्रेचर लेकर उसकी तरफ बढ़ा। महावीर सिंह ने स्ट्रेचर में ठोकर मार दी और घृणा के साथ जेल सुपरिन्टेन्डेन्ट की ओर देखा। वह बिना किसी का सहारा लिए अपनी कोठरी की तरफ बढ़ गया। जेल सुपरिन्टेन्डेन्ट उसकी तरफ देखता रह गया। उसकी आंखों में भाव थे- "यह कैदी अपने किस्म का एक ही है। यदि हर कैदी इसी की तरह होने लगे तो अपनी छुट्टी हो जाय।"

शासन ने योजना बनाई कि महावीर सिंह जैसे उदण्ड कैदियों की अकल ठिकाने पर लाने के लिए उन्हें अण्डमान की काल कोठरियों में स्थानान्तरित कर दिया जाय।

जनवरी 1933 में कुछ चुने हुए क्रान्तिकारियों को कालेपानी भेज दिया गया। बंगाल, बिहार, उत्तर प्रदेश और पंजाब के चौरासी क्रान्तिकारी कालेपानी की काल कोठरियों में आबाद हो गए।

बेलचा मारा - गर्दन जड़ से अलग

रोहिणी वरुआ को जेल में इतनी यातनाएं दी गई कि वह सोचने लगा कि क्या मैं आत्महत्या कर लूं। आत्महत्या का विचार उसके मन में उठा अवश्य, पर वह विचार टिक न सका। जो विचार उसके मन में स्थिर हुआ वह यह कि आत्महत्या करने के स्थान पर उसकी हत्या क्यों न की जाय जिसने केवल सन्देह पर ही मुझे गिरफ्तार करके जेल में डाल रखा है और निहायत गन्दे स्थान पर रख कर जो मुझे प्रतिदिन नई-नई यातनाएं दे रहा है।

पुलिस के जो लोग क्रान्तिकारियों के दमन के लिए बदनाम थे, उनमें सैयद इरशाद अली प्रमुख था। इरशाद अली फरीदपुर के ग्वालन्दा थाने का थानेदार था। उसने ही केवल सन्देह मात्र पर अठारह वर्ष के किशोर रोहिणी बरुआ को गिरफ्तार करके बहुत ही गन्दे स्थान पर रख छोड़ा था और उसे तंग करने के लिए नई-नई यातनाओं का आविष्कार करता रहता था।

इस बीच बरुआ की मां का देहावसान हुआ। उसकी भावज का भी देहावसान हो गया पर थानेदार इरशाद अली ने रोहिणी बरुआ को घर नहीं जाने दिया और न उसके रिश्तेदारों से उसे मिलने दिया।

एक दिन हवालातियों को थानेदार सफाई का कुछ काम बता रहा था। मिट्टी इधर से उधर करने के लिए बरुआ को भी एक बेलचा दिया गया। बरुआ ने बेलचे का अच्छा उपयोग किया। उसने बहुत ही फुर्ती से कस-कस कर बेलचे के तीन प्रहार थानेदार की गर्दन पर किए और इरशाद अली की गर्दन उसके धड़ से लगभग अलग हो गई। यह घटना 15 जून, 1935 को सुबह आठ बजे हुई। इरशाद अली केवल कुछ क्षण ही जी सका।

विशेष ट्रिब्यूनल के समक्ष रोहिणी का मुकदमा पेश किया गया। 18 दिसम्बर, 1935 को फरीदपुर जेल में रोहिणी बरुआ को फांसी के फन्दे पर झुला दिया गया। उसकी लाश उसके आत्मीय-जनों को नहीं दी गई।

बहन के पैरों में राइफल-पिस्तौल बांध

रामप्रसाद बिस्मिल और अशफाक उल्ला खां के सामने अब समस्या यह थी कि इतने हथियारों को वे शाहजहांपुर तक ले कैसे जाए। अंग्रेजी इलाकों में बहुत छानबीन और तलाशी होती थी। इतने हथियार ले जाना खतरे से खाली नहीं था। रामप्रसाद विस्मिल को एक युक्ति सूझी और वे हथियार अशफाक के पास छोड़कर अकेले शाहजहांपुर गए और उधर अपनी छोटी बहन शास्त्रीदेवी को अपने साथ लेकर ग्वालियर पहुंच गए।

रामप्रसाद बिस्मिल ने अपनी छोटी बहन की एक टांग से राइफल बांध दी और दूसरी टांग से पिस्तौल और रिवाल्वर। दोनों टांगों से खपच्चियों के टुकड़े इस प्रकार बांध दिए कि उनके सिर टांगों के बाहर दिखाई देते रहे। दोनों टांगों पर वे पट्टिया बांध दी गईं जो अस्पतालों में बांधी जाती हैं। अपनी बहन को इस प्रकार जख्मी के रूप में सज्जित करके बिस्मिल अपने साथी अशफक की सहायता से उसे हाथों पर उठा उठाकर ट्रेन में लिटा-लिटाकर शाहजहांपुर ले गए। रास्ते में दो चार बार उन्हें वक्तव्य देना पड़ा कि बहन ऊंचे स्थान से गिर पड़ी है और हम लोग उसका यहां प्राथमिक उपचार कराके अपने घर लखनऊ ले जा रहे हैं जहां उसका पक्का इलाज होगा। इस प्रकार का नाटक रचकर बिस्मिल और अशफाक को वे हथियार शाहजहांपुर तक ले जाने में कोई कठिनाई नहीं हुई। (1925)

उसे पकड़ना लोहे के चने चबाने जैसा

लाहौर स्टेशन पर सहायक स्टेशन मास्टर के कार्यालय के सामने एक भीड़ दीवार पर चिपके हुए एक कागज को पढ़ रही थी। उसी समय अपना सामान लिए हुए रासबिहारी बोस वहां पहुंचे। वे ठेठ पंजाबी लिबास में थे और सर पर एक भारी पगड़ी बंधी हुई थी। भीड़ को देखकर वे भी वहां यह जानने के लिए रुक गए कि दीवार पर क्या चीज चिपकी हुई है, जिसे इतने ध्यान से लोग देख रहे हैं। भीड़ में से दो-एक लोगों को

हटा कर उन्होंने दीवार के बिलकुल पास जाने की कोशिश की और कुछ लोगों ने उनके इस व्यवहार के प्रति आपत्ति भी की। उन्होंने ठेठ पंजाबी भाषा और पंजाबी लहजे में उन लोगों से कहा,

"ओय बादशाहों। आप लोग इतनी देर से जिस चीज को देख रहे हैं, उसे दूसरों को भी तो देखने दीजिए।"

रासबिहारी बोस के आश्चर्य का ठिकाना नहीं रहा, जब उन्होंने देखा कि दीवार पर उन्हीं के फोटो के साथ एक पोस्टर चिपका हुआ था जिसके द्वारा उन्हें पकड़ने या पकड़वाने वाले को बारह हजार रुपये इनाम देने की बात कही गई थी। पोस्टर में उनके फोटो के नीचे उनकी हुलिया इस प्रकार अंकित थी,

"काफी ऊंचे कद का व्यक्ति, शरीर से तगड़ा, बड़ी-बड़ी आंखें, मूछें साफ, हाथ की तीसरी उंगली कुछ सख्त और उस पर जख्म के निशान, उम्र लगभग तीस वर्ष। अपराधी कभी-कभी पंजाबी और कभी-कभी बंगाली लिबास में रहता है। यह भी हो सकता है कि वह संन्यासी के लिबास में पाया जाय। उसके आने-जाने के स्थान है- रावलपिण्डी, मुल्तान, अम्बाला, शिमला, अमृतसर, गुरदासपुर, फीरोजपुर, झेलम और लाहौर। विशेष रूप से उसकी तलाश काली-मन्दिरों में, बंगाली बस्तियों में या हिन्दुओं के शिवालयों में की जाय। सभी प्रकार की धर्मशालाओं, सरायों और रेलवे स्टेशनों पर भी उसकी खोज की जाय।"

भीड़ से घिरे हुए लोगों के बीच अपना ही फोटो देखकर और अपनी ही हुलिया का बयान पढ़ कर रासबिहारी बोस न तो चौंके और न उन्होंने आंख बचा कर खिसकने का यत्न किया। सहज प्रसन्नता अपने चेहरे पर लाते हुए पंजाबी भाषा में बोल उठे-

"बादशाहो! यह आदमी अगर अपने हाथ लग जाए तो मजा आ जाए। फिर तो दूर की नौकरी को ठोकर मार कर बन्दा अपने वतन लाहौर में ही बारह हजार की पूंजी से कोई धन्धा शुरू कर दे। क्यों बादशाहो! ठीक है न?"

इस कथन पर मिश्रित प्रतिक्रिया हुई,

"इतना आसान नहीं है इस आदमी का हाथ लग जाना। वह अपने पास हमेशा बम और पिस्तौलें रखता है।"

जिस आदमी को इतनी बड़ी सरकार की पुलिस नहीं पकड़ पा रही है, उसे हम निहत्थे लोग क्या पकड़ पाएंगे।"

वह आदमी बहुत ही चालाक और सतर्क रहने वाला है। वह जो भी लिबास पहन लेता है उसमें फब कर रह जाता है। वह कई भाषाएं भी बखूबी बोल लेता है।"

यह जानकर कि रासबिहारी बोस भारत से भागकर जापान पहुंच गए हैं, भारत सरकार ने उनको पकड़ने के लिए अपने एक उच्च गुप्तचर अधिकारी डी. पीटरी को सन् 1916 में जापान भेजा। निरन्तर पीछे पड़े रहने पर भी यह अधिकारी रासबिहारी बोस को नहीं पकड़ पाया।

अंग्रेजी सरकार रासबिहारी बोस की गतिविधियों से भयभीत थी और वह जापान में उनका अपहरण करने या उन्हें मार डालने की योजनाएं बना रही थी। वे रासबिहारी बोस थे जो अंग्रेजी जासूसों और जापानी पुलिस को चकमा दे रहे थे। यह स्वीकार करना पड़ेगा कि जापानी फौजी अधिकारी श्री एम. तोयामा का वरद-हस्त रासबिहारी बोस को प्राप्त था और जापानी दम्पत्ति श्री ऐजीसोमा तथा कोक्को सोमा उन्हें इस प्रकार सुरक्षा प्रदान कर रहे थे जैसे कोई मादा पक्षी अपने डैनों के अन्दर अपने

शावक को छिपाकर रख ले। यह दम्पत्ति श्री बोस से यहां तक प्रभावित हुआ कि उसने अपनी पुत्री तोशिकों का विवाह जुलाई 1918 में रासबिहारी बोस के साथ कर दिया। अपनी जापानी पत्नी से श्री बोस को एक पुत्र और एक पुत्री की प्राप्ति हुई है।

वह अब हिन्दुस्तानियों को कुत्ता नहीं कहेगा

काले पानी की काल-कोठरियों में उस दिन तीव्र सनसनी फैल गई जब कुछ बिगड़ैल भारतीय क्रांतिकारियों को तीस-तीस बेंतों की सजा सुना दी गई और उनमें से एक-एक को निकाल कर उन पर कस-कस कर बेंतों के प्रहार किए जाने लगे। कोई भी कैदी किसी अन्य सख्त सजा से उतना विचलित नहीं होता, जितना वह बेंतों की सजा से होता है। जिन क्रांतिकारी कैदियों को बेंतों की सजा नहीं हुई थी, वे पारस्परिक बातचीत द्वारा अटकलें लगा रहे थे,

"मुझे तो कोई क्रान्तिकारी नहीं दिखता जो बिना चीखे-चिल्लाए बेंतों की सजा भुगत ले।"

"देखना तो यह है कि पण्डित परमानन्द बेंतों की सजा किस तरह भुगतते हैं क्योंकि उनको बेंत लगाने के लिए बहुत ही भयानक जल्लाद बुलाया गया है और उसे शराब भी पिलाई जायेगी।"

"हाँ सचमुच ही पण्डितजी की शामत आने वाली है क्योंकि अंग्रेज जेलर वारी उनसे सख्त नाराज है और वह अपनी पिटाई का उनसे कस कर बदला लेगा।"

"कस कर बदला ले तो ले, पर पण्डितजी ने भी वह काम किया है कि बच्चू जिन्दगी भर नहीं भूल सकेगा। हां, एक बात वह जरूर भूल जाएगा और वह यह कि वह अब हिन्दुस्तानियों को कभी कुत्ता नहीं कहेगा।

'हां भाई! पंण्डितजी की दिलेरी और सूझबूझ को तो हम लोग मान गए। यदि उस दिन उनके पैरों में बेड़िया और हाथों में हथकड़ियां नहीं पड़ी होती तो सचमुच ही वे उस जेलर वारी के बच्चे का गला घोंट देते।"

"हथकड़ियां पहने हुए भी दोनों हाथों का क्या भरपूर वार उन्होंने वारी के सर पर मारा कि वह गिर कर धूल चाटने लगा।"

"हथकड़ियों वाले हाथों से ही पण्डितजी ने उसके सर के बाल पकड़ कर उसके सर को दो-चार बार जमीन से दे मारा था।"

"वह अंग्रेज का बच्चा अब कम से कम पण्डितजी के साथ तो कोई गुस्ताखी नहीं कर सकता।"

गुस्ताखी भले ही न करे, पर वह पण्डितजी को तरह-तरह से सताएगा अवश्य।"

और सचमुच ही जेलर वारी ने पण्डित परमानन्द के लिए बहुत सख्त सजा की तजवीज कर डाली। सबसे पहले उन्हें तीस कोड़ों की सजा पानी थी। पं. परमानन्द को उनकी कोठरी से निकाला गया। वस्त्र-हीन करके उनके हाथ-पैर एक तिपाई से बांध दिए गये। विशेष रूप से बुलाये गए एक जल्लाद ने बेंत का एक भरपूर हाथ पंडित परमानंद की पीठ पर छोड़ दिया। बेंत से सटाक का तीव्र स्वर निकल कर जेल की कोठरियों में गूंज गया। पंडितजी ने 'सी!' तक नहीं की और अगला बेंत खाने के लिए और अधिक दृढ़ता के साथ तन गए। जल्लाद एक कदम पीछे हटा और घुमा-घुमा कर एक साथ चार-पांच भरपूर हाथ उसने पंडितजी की नंगी पीठ पर दे मारे। वह इस बात पर तुला हुआ था कि पंडितजी से 'सी!' कराके रहेगा और पंडितजी संकल्पित थे कि वे किसी प्रकार की कमजोरी का प्रदर्शन नहीं करेंगे। पास में खड़े हुए जेलर वारी ने घूर कर जल्लाद की तरफ देखा। उसे लगा, जैसे वह पूरी ताकत से बेंत नहीं मार रहा हो। अपनी पिटाई का बदला लेने के लिए जेलर ने जल्लाद के हाथ से बेंत लेकर अपनी पूरी ताकत से दो-चार हाथ पंडितजी की पीठ पर दे मारे। उसने देखा कि शरीर पर सिहरन

तक नहीं हुई और उसके बेतों के निशान जल्लाद के बेतों की अपेक्षा क्षीण थे। उसने बेंत फिर जल्लाद को दे दिया। जल्लाद ने और अधिक क्रोधित होकर तीस तक बेंतों की गिनती पूरी की। बेंतों की मार से पंडित परमानन्द की पीठ पर निशान ही निशान पड़े थे, जगह-जगह से खाल तक उधड़ गई थी और लहू टपकने लगा था। तिपाई से जब उनके हाथ-पैर खोले जाने लगे तो जेलर वारी अपनी सुरक्षा के लिए दूर जाकर खड़ा हो गया। पंडितजी ने उसकी ओर घूरते हुए कहा- "अब कभी मेरे दाँव में आया तो जिन्दा नहीं छोड़ूंगा।"

होता यह था कि जिस कैदी को बेंत लगते थे, उसे बेंतो की सजा के बाद स्ट्रेचर पर डाल कर ले जाया जाता था क्योंकि वह लगभग अधमरा हो जाता था। पंडितजी के लिए भी स्ट्रेचर लाया गया, पर उसकी ओर उन्होंने घृणा के साथ देखा और खट-खट एक सांस में जीना चढ़ कर ऊपर की मंजिल की अपनी कोठरी में जा पहुंचे। उनके साथी क्रांतिकारियों के वक्ष गर्व के साथ फूल उठे। जेल के अधिकारी अब पंडितजी से दहलने लगे और कर्मचारी तो उनको भरसक सुविधाएं देने लगे। उनकी बहादुरी ने कहानियों का रूप धारण कर लिया। (1915)

बहादुर सैनिक चाहिए वेतन-मृत्यु, पेंसन-आजादी

'गदर पार्टी' के लोग अपने साप्ताहिक पत्रिका 'गदर' के माध्यम से यह प्रचार करते आ रहे थे कि एक विश्व-युद्ध छिड़ने वाला है जिसमें इंग्लैंड बुरी तरह से उलझ जायेगा। और इसलिए अवसर का लाभ उठाकर भारतीयों को भारत की आजादी के लिए अंग्रेजों के खिलाफ हथियार उठा लेने चाहिए। सचमुच ही विश्व-युद्ध छिड़ गया और जिस समय का अनुमान गदर पार्टी ने लगाया था, उसके बहुत पहले ही वह छिड़ गया। गदर पार्टी के लोग जल्दी-जल्दी में गदर कराने के लिए भारत पहुंचने की तैयारियां करने लगे। अपने साप्ताहिक पत्रिका गदर के माध्यम से उन्होंने

एक विज्ञापन प्रसारित किया–

"आवश्यकता है– 'भारत में गदर शुरू करने के लिए बहादुर सैनिकों की'

वेतन : मृत्यु

पुरस्कार : शहादत

पेन्सन : आजादी

युद्ध स्थल: भारत।"

इस विज्ञापन का बड़ा अनुकूल प्रभाव पड़ा। अमरीका तथा कनाडा के प्रवासी भारतीयों में अपने देश की आजादी के लिए बलिदान करने की होड़ लग गई। हजारों लोग जहाजों द्वारा गदर प्रारम्भ करने के उद्देश्य से भारत पहुंचने लगे। अमरीका-स्थित जर्मन राजदूत के सहयोग से उन्हें हथियार मिलने लगे। वे लोग अत्यधिक जोश के कारण अपनी भावनाओं को नियंत्रण में नहीं रख पा रहे थे और ऐलान करते हुए जाते थे कि हम लोग आजादी की लड़ाई लड़ने के लिए भारत जा रहे हैं। परिणाम यह होता था कि ब्रिटिश जासूस भारत सरकार के पास उनकी सभी सूचनाएं भेज दिया करते थे और समुद्री रास्ते में उन्हें कई कठिनाइयों का सामना करना पड़ता था और भारत पहुंचने पर वे गिरफ्तार कर लिये जाते थे। (1919)

हाथ काटकर गंगा मइया को अर्पित किया

वह कुंअर सिंह था जिसने मातृभूमि की आजादी के लिए अस्सी वर्ष की अवस्था में अंग्रेजों के विरुद्ध तलवार चला कर सिद्ध कर दिया कि मातृभूमि की पुकार पर भारत के वृद्धों में जवानी लौट कर आ जाती है।

वीर कुंअर सिंह छापामार युद्ध अर्थात वृक-युद्ध कला में पूर्ण रूप से निष्णात थे। 1857 के स्वातंत्र्य-युद्ध में उन्होंने तलवार की जिस धार पर अंग्रेजी सेना को उतारा उसकी चमक आज भी इतिहास के पृष्ठों को चौंधिया देती है। वीर कुंअर सिंह के रण-कौशल का आकलन करते हुए वीर सावरकर ने अपने ग्रन्थ 'अठारह सौ सत्तावन का भारतीय स्वातंत्र्य-समर' में लिखा है–

"सत्तावन की क्रान्ति में अपनी युद्ध-पद्धति और रण-कौशल में उसकी बराबरी का कोई वीर नहीं था। छत्रपति शिवाजी के पश्चात् वृक-युद्ध (गुरिल्ला वारफेयर) के महत्त्व को सर्वप्रथम उसी ने सिद्ध किया था। महावीर शिवाजी की भांति वृक-युद्ध के दाव-पेंचों का पूर्ण जानकार कुंअर सिंह ही एक मात्र वीर था।

वीर कुंअर सिंह की चालों को अंग्रेज सेनानायक समझ नहीं पाते थे। कभी वह उन्हें पीछे धकेलता, कभी छकाता, कभी स्वयं पीछे हटता और कभी अवसर पाकर पार्श्व से हमला कर देता और कभी शत्रु-सेना के अधिकाधिक जमाव वाले स्थान पर अचानक सीधा हमला करता और शत्रु-पंक्तियों को चीरता हुआ निकल जाता था। कभी झाड़ियों में से उसके वीर शत्रु सेना पर सरसराते अग्नि-वर्षा प्रारम्भ कर देते। दुश्मन को सेना के सामने कट मरने या भाग खड़े होने के अतिरिक्त कोई अन्य विकल्प रहा ही नहीं करता था।

कुंअर सिंह की सेना को गंगा पार जाना था। अंग्रेजी सेना निरन्तर उनका

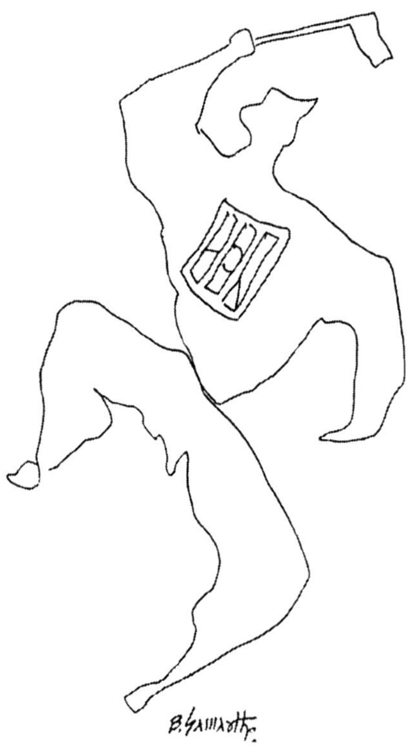

पीछा कर रही थी। कुंअर सिंह ने बड़ी चतुराई से यह अफवाह फैला दी कि वह बलिया के निकट हाथियों पर अपनी सेना पार कराएगा। अंग्रेज सेनापति डगलस बहुत बड़ी सेना लेकर बलिया के निकट गंगा-तट पर पहुंचकर कुंअर सिंह की प्रतीक्षा करने लगा। उधर डगलस की सेना बलिया के निकट कुंअर सिंह की घात में थी, इधर कुंअर सिंह ने बलिया से सात मील दूर शिवराजपुर नामक स्थान पर नावों पर चढ़ाकर अपनी सेना को गंगा पार कर दिया। जब डगलस को इस चकमें का पता चला तो वह भागता हुआ शिवराजपुर

पहुंचे। उस समय तक कुंअर सिंह की पूरी सेना गंगा पार कर चुकी थी। केवल एक अन्तिम नाव रह गई थी जिस पर स्वयं कुअर सिंह सवार था। डगलस की सेना ने उस पर गोली वर्षा प्रारम्भ कर दी। एक गोली कुंअर सिंह के बाएं हाथ की कलाई को फाड़ती हुई निकल गई। कुंअर सिंह ने सोचा कि हाथ तो बेकार हो ही गया है, गोली का जहर फैलने का अन्देशा है। अतः उसने तलवार खींचकर अपने ही सीधे (दायें) हाथ से अपने बाएं हाथ को कोहनी के पास से काट कर गंगा मैया को अर्पित करते हुए कहा-

"गंगा मैया! अपने प्यारे पुत्र की यह अकिंचन भेंट स्वीकार करो।"

यह थी कुंअर सिंह की अनुपम वीरता और बलिदान भावना। (1858)

स्वाधीनता संग्राम का पहला शहीद

बिहार के पर्वतीय प्रदेश में संथाल जाति और अंग्रेजी सेना के बीच भयंकर लड़ाई चल रही थी। संथाल लोग अपनी भूमि को अंग्रेजों से मुक्त करने के लिए लड़ रहे थे और अंग्रेज लोग संथाली विद्रोहियों को कुचल कर पर्वतीय प्रदेश को अपने अधिकार में लेने को लड़ रहे थे। संथाली विद्रोहियों का नेता था तिलका मांझी और अंग्रेजी सेना का संचालन कर रहे थे अंग्रेज मजिस्ट्रेट मि. क्लीवलैण्ड।

अंग्रेजी सेना कितनी दूर है, वह देखने के लिए तिलका एक बहुत ऊंचे ताड़ वृक्ष पर चढ़ गया। उस समय अंग्रेजी सेना पास ही झाड़ियों में छिपी हुई थी। मि. क्लीवलैण्ड ने तिलका मांझी को ताड़ वृक्ष पर चढ़ा हुआ देख लिया। स्थिति का लाभ उठाने के लिए वे घोड़े पर चढ़ कर ताड़ वृक्ष की ओर लपक पड़े। उनका इरादा था कि विद्रोही तिलका को या तो जीवित गिरफ्तार कर लिया जाय या उसे मार दिया जाये। उन्होंने अपनी टुकड़ी को भी पीछे आने के लिए कहा।

ताड़ वृक्ष के नीचे पहुंच कर मि. क्लीवलैण्ड ने ललकार कर कहा-

"तिलका! तुम अपना धनुष-बाण नीचे फेंक दो और वृक्ष से नीचे उतर कर हमारे सामने समर्पण कर दो।"

वीर तिलका ने अपनी जांघों में ताड़ वृक्ष को दबा कर अपने दोनों हाथ मुक्त कर लिए और कंधे पर टँगा धनुष उतार कर एक ही तीर मि. क्लीवलैण्ड को निशाना बना कर छोड़ दिया। तिलका का तीर मि. क्लीवलैण्उ की छाती में गहरा घुस गया। वे घोड़े से गिर कर छटपटाने लगे। इस बीच तिलका फुर्ती के साथ उतरा और अंग्रेजी सेना के आने के पहले जंगल में विलीन हो गया। अंग्रेजी सेना जब घटनास्थल पर पहुंची तो उसे अपने अफसर का शव ही हाथ लगा।

तिलका मांझी छापामार युद्ध का सहारा लेकर अंग्रेजी सेना के साथ युद्ध करता हुआ मुंगेर, भागलपुर और संथाल परगने की चप्पा-चप्पा भूमि को रौंद रहा था।

अंग्रेजी सेना ने सर आर्थर कूट के नेतृत्व में तिलका को फंसाने के लिए अपनी चालाकी का जाल बिछाया। सेना ने कुछ दिन के लिए विद्रोहियों का पीछा करना बन्द कर दिया। तिलका और उसके साथियों ने सोचा कि अंग्रेजी सेना निराश होकर पलायन कर गई है। विद्रोही संथाल विजयोत्सव मनाने में लीन हो गए। रात्रि को खूब नृत्य गान हुआ। जिस समय संथाल वीर अपने समारोह में निमग्न थे, छिपी हुई अंग्रेजी फौज ने उन लोगों पर जोरदार आक्रमण कर दिया। बहुत से संथाली वीर या तो मारे गए या बन्दी बना लिए गए। बड़ी मुश्किल से उनका नेता तिलका मांझी निकलने में सफल हो गया। वह अब पर्वत-श्रृंखला में छिप-छिप कर युद्ध करने लगा।

दृढ़-संकल्पी तिलका और उसके साथी एक दिन अंग्रेजी सेना पर टूट पड़े। भयंकर युद्ध हुआ। संथाल विद्रोहियों ने बहुत से अंग्रेज सैनिकों को मार गिराया। जन-हानि उठा कर भी अंग्रेज लोग तिलका को गिरफ्तार करने में सफल हो गए।

अपनी हानि और पराजयों का बदला लेने के लिए अंग्रेजी सेना ने वीर तिलका को एक वट-वृक्ष से लटका कर फांसी दे दी। अपने प्रदेश की आजादी की लड़ाई लड़ते हुए वीर तिलका मांझी स्वाधीनता संग्राम का पहला शहीद माना जायेगा। उसके कार्यकाल के 90 वर्ष पश्चात सन् 1857 ई. का स्वाधीनता संग्राम छिड़ा। (1967)

पहली मंजिल से मकान के पीछे कूद पड़े

मजूमदार और बागची में मित्रता हो गयी, क्योंकि उन दोनों का रास्ता एक था और दोनों की मंजिल एक थी। वे दोनों सहयात्री तथा सह विचारशील, जीवन और मृत्यु के साथी बन गए। उनके हृदय एक थे और उनके हृदय की धड़कनें भी एक थीं।

इन दोनों मित्रों ने गोहाटी को अपना कार्य-केन्द्र बनाया था। वैसे ही वे दोनों कभी आसाम, तो कभी ढाका आते रहते थे, ताकि पुलिस उन्हें न पकड़ सके। क्रांतिकारी भी एक तरह का 'रमतायोगी होता है। उसका रहने का कोई स्थायी ठिकाना नहीं होता।

आसाम में मजूमदार और बागची ने दो मकानों में अपने केन्द्र स्थापित किए थे। दोनों मकान थोड़े ही फासले पर थे। इनमें से एक आट-गांव में जेल के निकट था और दूसरा था आसाम के फैन्सी बाजार में। 7 जनवरी, 1918 के दिन आट-गांव वाले मकान को पुलिस ने घेर लिया। दोनों तरफ से गोलियां चलीं, क्योंकि क्रांतिकारी के पास जब तक भरा हुआ रिवाल्वर रहता है, वह किसी को अपने आसपास आने नहीं दे सकता। इस मुठभेड़ में वे दोनों ही क्रांतिकारी साथी वहां से निकल भागने में सफल हो गए।

आट-गांव वाले घर से भाग कर ये दोनों ही बन्धु आसाम के ही एक दूसरे मकान 'नवगृह' में चले गए। किन्तु सी.आई.डी. पुलिस के कुत्तों को सूंघने की शक्ति बहुत अधिक होती है। वे सूंघते-सूंघते नवगृह भी पहुंच गए। क्रांतिकारी इस समय भोजन कर रहे थे। शायद कुत्तों को उनके भोजन की गन्ध भी मिल गयी। यह महीना था जनवरी का, तारीख 10 थी और अभी दिन के दो बजे थे। लंच का वक्त था। क्रांतिकारी भोजन में लगे हुए थे और उन्हें अब अपनी पेट की पूजा छोड़ कर पुलिस की पूजा करनी पड़ी, रोटियों से नहीं गोलियों से।

पुलिस वालों को अपनी गोलियों से घायल कर श्रीमजूमदार और श्री बागची वहां से भी निकल भागने में सफल हो गए। यह उनकी दूसरी सफलता थी; क्योंकि इसके पहले भी वे बच निकले थे। पुलिस बहुत परेशान हो रही थी; खूब छक रही थी। किन्तु एक क्रांतिकारी का जीवन ही कितना होता है, जबकि उसे हर वक्त पुलिस के घेरे में रहना हो।

एक बार पुलिस तारनी प्रसन्न मजूमदार को, सन 1916 में, उनके घर (भवानीपुर, जिला कोमिल्ला) पर भी घेर चुकी थी। मजूमदार इस वक्त छत पर थे। वे मकान की पहली मंजिल से मकान के पीछे कूद पड़े। उनकी एक टांग में बहुत चोट लग गयी। मकान के पिछवाड़े से जो रास्ता घर के बाहर जाता था, वहां पुलिस खड़ी थी। मजूमदार ने अपने कपड़े फाड़ डाले। एक भिखारी का वेश बनाकर और लंगड़ाते हुए, वे पुलिस के बीच से निकल गए। यह बड़े साहस का काम था। पुलिस को अगर जरा-सा भी शक हो जाता तो फिर क्या होता, इसकी केवल कल्पना ही की जा सकती है। मजूमदार एक हाजिर-दिमाग नवयुवक क्रांतिकारी थे। कठिनाई तथा विपत्ति के समय में भी वे घबराते नहीं थे। अगर वे घबरा गए होते, तो पुलिस उनकी शायद दूसरी टांग भी तोड़ देती।

पुलिस अब इन दोनों दोस्तों के पीछे हाथ धोकर पड़ गई थी। काम करना तो मुश्किल था ही, अब तो काम के लिए जिन्दा रहना मुश्किल हो रहा था। एक दिन पुलिस को पता चला कि वे दोनों मित्र क्रांतिकारी कालता-बाजार (ढाका) वाले मकान में हैं। फिर क्या था- पुलिस ने दल-बल के साथ उस मकान को 15 जनवरी 1918 को जा घेरा। इस मकान में तीन क्रांतिकारी थे। तीन क्रांतिकारी, 30 पुलिसजनों का सामना नहीं कर सकते थे और करते भी तो कब तक कर सकते थे?

मातंगनी हाजरा क्रांति की ज्वाला थी

29 सितम्बर, 1942 को एक बड़ी घटना घटी। विद्रोहियों ने तय किया कि थानों, अदालतों, सरकारी दफ्तरों पर एक साथ हमला कर उन्हें अधिकार में ले लिया जाए। इसके लिए 28 सितंबर की रात को पेड़ काटकर सड़कों पर गिरा दिए गए जिससे सेना व पुलिस के पहुंचने के रास्ते बंद हो जाएँ, 30 पुल भी तोड़ दिए गए। मीलों तक टेलीफोन व टेलीग्राफ के तार काट दिए गए। लगभग 200 खंभे गिरा दिए गए। कोसी व हुगली में खड़ी नावें भी डुबो दी गई। इस सब के पीछे क्षेत्र की वयोवृद्ध नेत्री मातंगिनी हाजरा का भी प्रमुख हाथ था। उनका वहां बड़ा दबदबा था।

योजनानुसार दिन के तीन बजे लगभग एक लाख लोगों की भीड़ पांच दिशाओं से पांच बड़े जुलूसों में बंट कर तामलुक नगर के मुख्य थाने की ओर बढ़ चली। उत्तर दिशा से आने वाले जुलूस में पांच हजार स्त्री-पुरुषों का नेतृत्व 73 वर्षीय वृद्धा मातंगिनी हाजरा स्वयं कर रही थीं। जुलूस रोके जाने लगे, क्योंकि उसी रात खबर लग जाने से फौजियों ने आकर सड़कों पर से पेड़ हटाने शुरू कर दिये थे व 2 बजे दोपहर तक सड़के वाहनों के लिए मुक्त कर ली गई थीं।

मुकाबला कड़ा था। पहले वानपुकुर के पास मातंगिनी हाजरा के जुलूस पर लाठी चार्ज हुआ। फिर दीवानी अदालत के पास गोली चल गई। पहली गोली से एक लड़का मारा गया। भीड़ में इससे थोड़ी हलचल हुई। फिर नेतृत्व करती मातंगिनी हाजरा की 'करो या मरो' की ललकार से जुलूस आगे बढ़ चला। हाथ में तिरंगा लिए वंदेमातरम् का जयघोष करती वह फौजियों को अंग्रेजी सरकार की नौकरी छोड़ने के लिए भी ललकार रही थीं। दूसरी गोली मातंगिनी के एक हाथ पर आकर लगी, तीसरी उनके दूसरे हाथ पर। फिर भी आश्चर्य कि बूढ़े हाथों ने तिरंगा न छोड़ा। लड़खड़ाती हुई वह उसे और कस कर पकड़ने का प्रयत्न करने लगी। तभी चौथी गोली आकर उनके ललाट पर लगी और वह वहीं गिर गयीं। तिरंगा अब भी उनके हाथ में थमा था। वह तभी गिरा, जब एक फौजी ने आगे बढ़, लात मार कर उसे उनके हाथ से अलग कर दिया।

इसके बाद भी लपक कर तिरंगा झंडा एक 14 साल के लड़के ने उठा लिया। तभी सामने से आती गोली ने उस किशोर को भी वहीं ध राशायी कर दिया। उसके बाद अन्य व्यक्ति भी इसी तरह एक-एक कर शहीद हुए घयलों की संख्या अनगिनत थी।

साड़ी फाड़कर रातों-रात तिरंगा ध्वज तैयार किया

सन् 1930, नमक सत्याग्रह के दिन, कुछ स्वयंसेवकों के साथ एक युवती बेधड़क बम्बई स्टाक-एक्सचेंज क्षेत्र में जा पहुंची। हाथों में गैरकानूनी नमक की छोटी-छोटी पुड़ियाएँ थीं। आजादी के नाम पर अपील करते

हुए पुड़ियाएँ बेची गयीं और एक घन्टे में लगभग चालीस हजार रुपये जुटा लिए गए। उस गैरकानूनी कार्यवाही पर दल की नेत्री को गिरफ्तार करके अदालत में पेश किया गया। लेकिन वहाँ मजिस्ट्रेट की उपस्थिति में भी उसने पुड़ियाएँ बेचना शुरू कर दिया। चारों ओर तहलका मच गया। मजिस्ट्रेट भौंचक्का-सा उस निर्भीक युवती को देखता रह गया। युवती कटघरे में पहुंची। मजिस्ट्रेट के प्रश्न के उत्तर में एक कड़कड़ाता हुआ प्रति-प्रश्न गूजा, "मुझसे पूछते हैं, नमक की पुड़ियाएँ क्यों बेची गयीं! मैं आपसे पूछती हूँ, आप क्यों इस पाप-कर्म में डूबे हैं? क्यों नहीं त्याग-पत्र देकर देशवासियो का साथ देते?" और निर्णय सुनाया गया- नौ महीने का कारावास। यह निर्भीक युवती थी, कमला देवी, जो बाद में कमला देवी चट्टोपाध्याय के नाम से विश्व विख्यात हुई।

एक अन्य दिलचस्प घटना-

बर्लिन का अन्तर्राष्ट्रीय महिला सम्मेलन, कमला देवी भारतीय महिला प्रतिनिधि दल की नेत्री थीं। उस सम्मेलन में हर देश का अपना राष्ट्रीय ध्वज फहरा रहा था। चूंकि भारत पराधीन था, इसलिए उसके लिए यूनियन जैक चुना गया था। कमलाजी को यह कैसे सहन होता! उन्होंने सम्मेलन में खड़े होकर गर्जना की, "जब तक भारत को अपना तिरंगा राष्ट्रीय ध्वज लगाने की अनुमति नहीं मिलती, भारतीय प्रतिनिधिमंडल इस सम्मेलन का बहिष्कार करेगा।" सम्मेलन की अध्यक्षा को स्थिति का पहले पता न था कि भारत का अपना कोई राष्ट्रीय ध्वज भी है। उन्होंने कह दिया, भारतीय प्रतिनिधिमंडल अपना राष्ट्रीय ध्वज ले आए, हमें उसे यहाँ लगाने में कोई एतराज न होगा। अब समस्या सामने आई कि तिरंगा कहाँ से लाया जाय? बर्लिन में वह उपलब्ध नहीं था और अगले दिन सुबह सम्मेलन में झण्डा न लगाया गया तो प्रतिष्ठा में बट्टा लगेगा। कमलाजी ने अपनी साड़ी फाड़कर रातों-रात उससे तिरंगा तैयार कर लिया। अगले दिन अपने ध्वज के साथ जब उन्होंने सभा-मंडप में प्रवेश किया तो सभी विदेशी महिलाएँ उन्हें देखकर दंग रह गई।

जेल जाना उन दिनों स्त्रियों के लिए कोई विशेष क्रांतिकारी घटना न थी। पर कमला देवी तो जैसे जेल की अतिथि ही थीं। छूटकर आतीं, फिर कुछ कर बैठती और फिर जेल-यात्रा। सन् 1930 से 1944 तक उनकी ये जेल-यात्राएँ लगभग निरन्तर चलीं। अंग्रेजी राज्य के नियम तोड़ने में भी

उन्हें आनन्द आता, भारतीय समाज की गली-सड़ी रूढ़ियाँ तोड़ने में भी। राष्ट्रीय कांग्रेस में उन्हें महिला स्वयं-सेविकाओं को प्रशिक्षण देकर तैयार करने का काम सौंपा गया था। इसलिए हर धरने में, हर आंदोलन में उन्हें स्वयं सेविकाओं की पंक्ति में आगे देखा गया।

सूर्य सेन ने अपने साथियों की मौत का बदला लेने की एक योजना बनाई। योजना थी, पहाड़ी की तलहटी में स्थित एक यूरोपीय क्लब पर आक्रमण कर नाच-रंग में मस्त अंग्रेजों को मौत के घाट उतारना। सूर्य सेन ने कुछ क्रांतिकारी साथ भेजकर इस काण्ड का नेतृत्व प्रीतिलता को सौंपा। पिछली मुठभेड़ में प्रीतिलता का शौर्य व साहस देखकर उन्हें इस लड़की पर विश्वास बढ़ चुका था। फिर भी भेजते समय उन्होंने प्रीतिलता से कहा, "देखो बहन, गिरफ्तार होकर पुलिस द्वारा अपमानित होने की अपेक्षा मर जाना कहीं अच्छा है। यदि संघर्ष से बचकर आने का अवसर न मिले, तो विष-पान कर वहीं शहीद हो जाना।" यह प्रीतिलता की नेता सूर्यसेन से अंतिम भेंट थी और सूर्य सेन का अपने एक विश्वसनीय क्रांतिकारी साथी को अंतिम संदेश।

24 सितम्बर, 1932 की वह रोमांचक रात! कल्पना दत्त से ली गई 'पोटाशियम साइनाइड' की पुड़िया जेब में रख तथा बमों-पिस्तौलों से सुसज्जित दल साथ लेकर कुमारी प्रीतिलता अपने लक्ष्य की ओर रवाना हुई। क्लब में रात के समय अंग्रेज स्त्री-पुरुष शराब पीकर राग-रंग में व नृत्य संगीत में विभोर थे। क्लब के फाटक पर पहुंचते ही प्रीतिलता ने अपने साथियों को ललकारा, "प्यारे साथियों बढ़ो! शीघ्रता करो, आज एक भी अंग्रेज यहाँ से बच कर न जाने पाए।" और इस ललकार के साथ ही क्लब की इमारत बमों के धमाकों और पिस्तौलों की गोलियों से हिल उठी। भीतर का राग-रंग चीख-पुकार में बदल गया। एक यूरोपियन महिला धराशाही हो गयी। तेरह अंग्रेज बुरी तरह जख्मी हो गये। कुछ भाग निकले। कुछ संभल कर उधर से गोली-वर्षा करने लगे। तभी एक गोली प्रीतिलता के फूल से शरीर में भी आ लगी। बचने की आशा न देख प्रीति लड़ते-लड़ते, पहले की तरह ही भाग निकली। पर अंग्रेज पीछा कर रहे थे और गोली का घाव रिस रहा था। उसने सोच लिया कि अब शहीद होने का समय आ गया है। अपने शरीर की भेड़ियों के हाथों दुर्गति कराने के बजाय उन्होंने वही किया, जो उनकी पूर्व योजना थी और जो नेता का

आदेश था। उन्होंने तुरन्त पुड़िया खोली और 'पोटाशियम साइनाइड' खाकर ससम्मान शहीद हो गई।

कुमारी प्रीतिलता की आयु उस समय केवल सत्रह वर्ष की थी। एक लड़की। फूल-सी नाजुक उम्र! जब उनके खेलने-खाने के दिन थे, वह गोलियों से खेली, और उन्होंने गोलियाँ खाई। जब उनके हाथों-पैरों में मेंहदी लगाई जानी थी, उनके हाथों ने पिस्तौलें थामी और पैरों ने कांटों की राह अपनाई। सन् 1857 के प्रथम स्वाधीनता संग्राम की रानी लक्ष्मीबाई के बाद कुमारी प्रीतिलता प्रथम भारतीय वीरांगना थीं, जिन्होंने शस्त्र-बल से ब्रिटिश सत्ता को इस तरह चुनौती दी थी। लक्ष्मीबाई के समान ही प्रीतिलता भी अपने अंतिम समय तक अंग्रेजों से युद्ध करती रहीं और उन्हीं के समान दुश्मन के हाथों न पड़ शहीद हो गई।

बिना हथेली और अंगुलियाँ साहस गजब का

अमर शहीद सूफी अम्बा प्रसाद की तरह वे भी दाहने हाथ से लूले थे। अंतर केवल इतना था कि सूफी जी का हाथ कतई गायब था, जबकि चारु की हथेली और अंगुलियाँ ही गायब थीं। लेकिन दोनों ही प्रखर देशभक्त थे और दोनों देश के लिए जीना और मरना जानते थे।

कुछ काल तक विद्याध्ययन करने के पश्चात वे हावड़ा के 'हितैषी' नाम के छापेखाने में नौकर हो गए। स्वभाव से वे बड़े गम्भीर थे। वे अपने ही विचारों में मग्न रहा करते थे। उन्होंने हमेशा अपने काम ही से काम रखा। वे दुबले-पतले और नाटे कद के नवयुवक थे। कोई उन्हें देख कर यह अनुमान भी नहीं लगा सकता था कि उस शरीर में एक प्रचण्ड क्रान्तिकारी छिपा बैठा है। उनमें पहलवानों जैसा साहस था। वे क्रान्तिकारी पार्टी के सदस्य थे।

चारु कभी-कभी एकान्त में बैठ कर सोचते- "मैं एक हाथ से लूला हूँ। अगर कभी पिस्तौल चलाने का मौका आ गया, तो पिस्तौल किस तरह चलाऊँगा।" वे सोचते-सोचते गंभीर हो जाते। फिर थोड़ी ही देर में उनके चेहरे पर मुस्कान बिखर जाती। उनका मन ही उनकी शंका का इस प्रकार

समाधान कर देता– "हिम्मत वाले के लिए एक हाथ बहुत है। बुजदिल के लिए दो हाथ भी बेकार हैं।"

हावड़ा के 'हितैषी' प्रेस में जब चारुचंद्र बोस काम करते थे, तब उनकी उम्र कुल 18 वर्ष की थी। कद तो उनका नाटा और दुबला था ही। उस समय प्रेस के अन्य कर्मचारियों को क्या पता था कि दुबला चारु भीतर से एक तगड़ा पहलवान है और नाटा चारु इतना ऊँचा है कि उसकी ऊँचाई तक वे कभी पहुँच ही नहीं सकते। सच है काम आदमी का कद नहीं, उसका साहस करता है।

अलीपुर कोर्ट का आशुतोष विश्वास सरकारी वकील था। वह बड़ा बदनाम वकील था। क्रान्तिकारियों के लिए यह बहुत ज्यादा सख्त था। उसकी कोशिश हर क्रांतिकारी को ज्यादा से ज्यादा सजा दिलाने की ही रहती थी। वह झूठे मुकदमे को भी सच्चा सिद्ध कर दिखाने में बड़ा चतुर था। क्रांतिकारियों ने उसे सख्त से सख्त सजा देने की सोची। उन्होंने योजना बनाई कि या तो उसे कतई खत्म कर दिया जाय, अथवा उसके हाथ–पैर ही तोड़ दिए जाएं, जिससे वह कचहरी ही न जा सके। अधिकतर नौजवान क्रांतिकारियों का मत था कि उसे कतई जिन्दा न रहने दिया जाये।

इस काम का भार चारुचन्द्र बोस ने लिया। उन्हें लूला और दुबला–पतला देख कर साथियों ने उन पर कुछ सन्देह प्रकट किया। मगर चारु ने उनसे

कहा– "मेरे लूले हाथ और दुबले शरीर को मत देखो। मुझे तुम अवसर तो दो। मेरा लूला हाथ वही काम करके दिखाएगा जो किसी का साबित हाथ करता है। मुझे अपने लूले हाथ का तुम कमाल तो दिखाने दो।"

चारुचन्द्र बोस ने कुछ दिनों तक खाली हाथ ही जाकर अलीपुर जेल का निरीक्षण किया। सरकारी वकील आशुतोष विश्वास को अच्छी तरह उन्होंने पहचाना और उसकी गतिविधियों को नोट किया। आशू सरकारी वकील होने के नाते करीब–करीब हर दिन कोर्ट आता था। एक दिन श्री चारुचन्द्र पूरी तैयारी के साथ कोर्ट गये भी, मगर उन्हें आशू पर गोली चलाने का कोई मौका वहाँ नहीं मिला। वे उस समय तक विश्वास पर गोली चलाने वाले नहीं थे, जब तक उन्हें यह विश्वास न हो जाता कि उन्हें सफलता मिलेगी।

10 फरवरी, 1909 के दिन भी चारुचन्द्र पूरी तैयारी के साथ कोर्ट गए। उन्होंने एक मुकदमे की पैरवी करते और इधर–उधर कचहरी में भाग–दौड़ करते आशू को देखा भी। उन्हें आज अपने काम में सफलता का विश्वास हो गया।

जिस समय आशू विश्वास शाम को लगभग चार बजे पूर्व के दरवाजे से निकल कर पश्चिम को जाने लगा, उसी समय अचानक एक साथ 'धायँ' और 'हाय' की आवाज सुनाई दी। 'धायँ' की आवाज 'चारु के रिवाल्वर की थी और 'हाय' की आवाज आशू की थी। वह गोली खाकर अब दक्खिन की तरफ भागा। चारु उसके ऊपर ऐसे झपटे, जैसे शेर अपने शिकार पर झपटता है। चारु के रिवाल्वर ने फिर 'धाय' की आवाज की। अबकी गोली उसके शरीर को ही पार कर गयी। आशू भागता हुआ कोर्ट इन्सपेक्टर के कमरे में घुसा और वहीं ढेर हो गया।

इसी बीच पुलिस ने पीछे से आकर चारु को दबोच लिया। मगर इसके पहले पुलिस वाले चारु का रिवाल्वर छीन सकते, एक धमाका और हुआ। अबकी गोली एक दीवार में जा लगी। पुलिस ने चारु का रिवाल्वर छीन लिया। रिवाल्वर छीनते हुए पुलिस ने देखा कि चारु ने रिवाल्वर को अपने लूले दाहिने हाथ की मुड़ी हुई हथेली पर बाँध रखा है और रिवाल्वर के घोड़े में एक रस्सी बँधी हुई है, जिसे बायें हाथ से खींच कर वे गोली चलाते थे।

चारुचन्द्र बोस को पुलिस ने बहुत मारा, लेकिन उन्होंने अपनी पार्टी के किसी भी

व्यक्ति का नाम नहीं बताया। उन्होंने एक नाम ढाका के पनचोली चारु का बताया। पुलिस ने तमाम मुहल्ला छान मारा, मगर वहाँ बताए हुए मुहल्ले में पनचोली चारु नाम का कोई आदमी पुलिस को न मिला। पुलिस को वे सच बताते ही क्यों? वे तो शहादत के वरण के लिए आए थे, न कि मुखबरी के लिए।

आजादी की आगमन की चिनगारी सुलग उठी

अंग्रेजों की आए-दिन की छेड़खानियों तथा अत्याचारों से तंग आकर रियासत में असन्तोष की आग फिर से भड़क उठी, जिससे आजादी की आग की चिनगारी को अनुकूल हवा मिली और वर्षों से दबी यह चिनगारी फिर से सुलग उठी। सुलग कर जब वह शोला बन गयी, तब सेनापति तिकन्द्रजीत सिंह ने विद्रोह का झण्डा उठा लिया और सितम्बर सन् 1890 में अंग्रेजों के विरुद्ध विद्रोह कर दिया। अंग्रेज तुरन्त तो कुछ न कर सके, किन्तु इस विद्रोह को दबाने और राजा को सजा देने का उन्होंने पक्का इरादा कर लिया और वे तदनुसार सेना इकट्ठी करने लगे।

मार्च 1891 में अंग्रेजी फौजों ने मणिपुर के किले को घेर लिया और राजा को चेतावनी दी कि वह हथियार डाल कर उनकी शरण में आ जाए। पर स्वाभिमानी राजा ने इसे अपना घोर अपमान समझा और अंग्रेजों की शरण में जाने से कतई इनकार कर दिया। फिर भी अंग्रेजी सेना के तीन बड़े जनरलों से बातचीत के लिए वे राजी हो गए। तीनों जनरल इस आशा से, राजा से बात करने के लिए किले के अन्दर घुसे कि राजा अंग्रेजों की अधीनता स्वीकार कर लेंगे। वे अपने साथ एक कागज ले गए, जिस पर वे सब शर्तें लिखी हुई थीं, जिनके अनुसार राजा को उस कागज पर हस्ताक्षर कर गुलामी का तौक अपने गले में पहनना था।

यह कागज (फरमान) उन तीनों जनरलों के लिए मौत का फरमान (वारण्ट) साबित हुआ। राजा के एक इशारे पर उन तीनों जनरलों को पकड़ लिया गया और राजा के दूसरे इशारे पर तीनों जनरलों अर्थात् अंग्रेजो फौज के सेनापतियों को मौत के घाट उतार दिया गया। इस घटना की सूचना जब अंग्रेजों को मिली, तब उनमें खलबली मच गयी। वे आग-बबूला हो

गए उन्होंने राजा साहब को धोखा देकर एक दिन आधी रात के समय मणिपुर (इम्फाल) के किले पर हमला कर दिया। पर राजा साहब इसके लिए पहले से ही चौकन्ने थे। खूब घमासान लड़ाई हुई और अन्त में अंग्रेजी सेना हार कर भाग गयी। इस विजय से राजा साहब के हौसले बढ़ गए। कुछ समय पूर्व मणिपुर में हुए विद्रोह को दबाने में अंग्रेजों ने अनेक व्यक्तियों का कत्ल कर डाला था। राजा ने अब उसका पूरा-पूरा बदला चुका लिया था।

लेकिन अंग्रेज तो भारत में अपना सामाज्य स्थापित करने के लिए कटिबद्ध थे। वे भला शान्त होकर क्यों बैठते? उन्होंने अबकी बार पहले से भी बड़ी सेना एकत्र की और फिर एक दिन अचानक मणिपुर को घेर लिया। एक भयंकर लड़ाई हुई। अंग्रेजी सेना को पुनः हार का मुंह देखना पड़ा। इन विजयों से राजा की प्रतिष्ठा बहुत बढ़ गयी। मणिपुर की जनता अपने राजा को अजेय समझने लगी। पर अंग्रेज कब चुप बैठने वाले थे? उन्होंने ब्रह्मा (बर्मा) से फौज और भारी-भारी तोपे मंगवायीं। उन्होंने अपनी विशाल सेना तथा भारी तोपों के साथ तिबारा मणिपुर (इम्फाल) के किले पर हमला कर दिया। राजा के पास भारी तोपों की कमी थी। फलतः अंग्रेजी तोपों ने किले की दीवारें तोड़ दीं। पर राजा की हिम्मत अब भी नहीं टूटी। टूटते हुए किले में अपने लिए और देर तक ठहरना किसी अवस्था में उचित न जान कर वे किसी तरह किले से बाहर चले गए, पर राजा के बाहर जाते ही शेष सेना के हौसले पस्त हो गए। दुर्भाग्य से राजा के अति विश्वासी जनरल थिंगाल को 8 मई, 1891 को अंग्रेजों ने पकड़ लिया। राजा के छोटे भाई एगनेस सेन को भी गिरफ्तार कर लिया गया। अंग्रेजों को अब सेनापति राजा तिकन्द्रजीत सिंह की तलाश थी। राजा अपनी रियासत में ही एक स्थान पर छिपे हुए थे। अंग्रेजों ने चालाकी से काम लिया और उन्होंने रियासत के ही कुछ व्यक्तियों को लालच देकर अपनी ओर मिला लिया। फलतः इन गद्दारों ने ही लोभवश राजा का पता अंग्रेजों को बता दिया। फिर क्या था? राजा को चारों तरफ से घेर लिया गया। राजा ने अपने बचे-खुचे साथियों के साथ घेरने वाली अंग्रेजी सेना का बहादुरी के साथ सामना किया। किन्तु अन्त में वे बन्दी बना ही लिए गए। अंग्रेज अपनी इस सफलता पर फूले नहीं समा रहे थे। मणिपुर का किला अब उनके हाथों में था।

अंग्रेजों को अब अपने तीनों जनरलों के मारे जाने का बदला इन तीनों (सेनापति तिकन्द्रजीत सिंह, उनके छोटे भाई एगनेस सेना एवं उनके जनरल थिंगाल) से लेना था। उन्होंने तलवार से उनका कत्ल तो नहीं किया, लेकिन फिर से सरकसी न कर सकें, इसलिए उन्हें जिन्दा भी नहीं छोड़ा। अंग्रेजों ने खून का बदला खून से लिया।

इस कार्य के लिए अपनी न्यायप्रियता का परिचय देने के लिए अंग्रेजों ने एक फौजी तमाशायी अदालत का गठन किया। मणिपुर के इन तीनों वीर सपूतों को उस तमाशायी अदालत के सामने पेश किया गया। उन पर अभियोग लगाया गया कि 'उन्होंने ब्रिटिश साम्राज्य के विरुद्ध विद्रोह किया और वे षड्यन्त्र करके भारत से अंग्रेजों को निकाल देना चाहते थे। इस प्रकार वे अंग्रेजी हुकूमत से बगावत कर रहे थे।' अंग्रेजों के फौजी कानून में बगावत की सजा चूंकि मौत है, इसलिए उस तमाशायी फौजी सरकार की अदालत ने बिना किसी सफाई के उन तीनों देश के सपूतों को फाँसी की सजा सुना दी। इस फैसले के बाद ही 13 अगस्त, सन् 1891 को इन तीनों वीर सपूतों को, उनकी ही रियासत में, उनकी ही मातृभूमि में, खुले आम कैथल-अचोबा नामक स्थान पर फाँसी पर लटका दिया गया।

न्याय के नाम पर अंग्रेजों ने इस छोटी सी रियासत को भी अपने बढ़ते हुए सामाज्य का एक अंग बना लिया। इस प्रकार आजादी की वह एक चिनगारी जो, सन् 1890-91 में मणिपुर के राज्य में शोला बनकर भड़क उठी थी, बुझा दी गयी। किन्तु इस प्रकार की न जाने कितनी अन्य चिनगारियाँ थीं, जो जहाँ-तहाँ सुलगती ही रहीं और जिन्होंने अन्त में 15 अगस्त, 1947 को भारत में अंग्रेजी साम्राज्य की होली ही जला दी। हमारी आजादी अमर है। आजाद भारत जिन्दाबाद!

भरी कोर्ट में गोली चलाकर काम तमाम किया

सरदार भाग सिंह और सरदार वतन सिंह जैसे प्रमुख व्यक्तियों के कातिल को या जिस दुष्ट हापकिन्स ने उसे कत्ल के लिए उकसाया था, उसको सजा न देना कुल सिख-संघ के लिए एक चुनौती थी और उसका

खुला अपमान था। इस चुनौती को एक सिख नौजवान मेवा सिंह ने स्वीकार किया। कहा जाता है कि मेवा सिंह ने अपना सैकड़ों रुपया गोलियों पर खर्च कर डाला था। उन्होंने अच्छी तरह निशानेबाजी सीखी और इस प्रकार आखिरी मुहिम के लिए अपने को तैयार कर लिया।

मेवा सिंह ने किसी प्रकार हापकिन्स के यहाँ यह कह कर नौकरी पा ली कि वह हिन्दुस्तानियों के खिलाफ जासूसी करेगा। हापकिन्स ने उसका विश्वास कर उसे नौकरी पर रख लिया। मेवा सिंह अब मौके की तलाश में रहने लगे। एक दिन हापकिन्स अपने कमरे में एक बड़े शीशे के सामने बैठा दाढ़ी बना रहा था। उसी समय मेवा सिंह हाथ में रिवाल्वर लिए हुए उसके कमरे में घुसे। हापकिन्स ने मेवा सिंह की परछाई अपने शीशे में देख ली और वह चौकन्ना हो गया। इस स्थिति में मौका हाथ से निकल गया। मौका की नजाकत देख कर मेवा सिंह ने अपना वह रिवाल्वर मेज पर रख दिया और हाथ जोड़ कर बोला-- "क्या हुजूर मेरा रिवाल्वर देख कर डर गए मैं अपने मालिक को क्यों मारने लगा? आप इस रिवाल्वर से मेरी हत्या कर दें तो आपका मुझ पर एहसान होगा। क्योंकि आपकी नौकरी में आ जाने से मेरे देशवासी मुझसे नफरत करते हैं, मैं अपनी जिन्दगी से ऊब गया हूँ।" उसने उस समय कुछ ऐसी सूरत बना ली और कुछ ऐसे लहजे में यह सब कहा कि मिस्टर हापकिन्स को उसकी बात पर यकीन आ गया और उसने मेवा सिंह के साथ पूरी सहानुभूति प्रकट की। इस प्रकार उस दिन की बात हँसी में टल गयी और वे दोनों एक दूसरे के और निकट आ गए।

इस घटना का यह प्रभाव हुआ कि मेवा सिंह मिस्टर हापकिन्स के अत्यन्त विश्वासपात्र बन गये। 21 अक्टूबर, 1914 का बाला सिंह का मुकदमा अपने अन्तिम चरण मे था और मिस्टर हापकिन्स सरकारी वकील को कोर्ट में खड़े कुछ समझा रहे थे। यह मुकदमा कनाडा के विक्टोरिया कोर्ट में चल रहा था। मेवा सिंह भी उनके निकट ही खड़े थे। उसी समय भरी कोर्ट में उन्होंने केवल एक ही गोली चला कर हापकिन्स को ढेर कर दिया। दूसरी गोली चलाने का न कोई मौका ही मिला न मेवा सिंह ने चलाने की कोशिश ही की। वह खुशी से गिरफ्तार हो गये। एक गोली से ही मिस्टर हापकिन्स का काम तमाम हो गया था।

अपने ऊपर केस चलने पर मेवा सिंह ने अपने बयानों में कहा–

“हापकिन्स एक नीच अधिकारी था। वह एक भाई को दूसरे भाई से लड़ा रहा था और हमारी सिख जाति में फूट डाल रहा था। ऐसे व्यक्ति को मौत के घाट उतार देने को मैं पाप नहीं मानता। मैंने अपना काम कर डाला। मुझे अपनी सफलता पर खुशी है। हाँ, मुझे दुःख उस समय जरूर हुआ होता, अगर वह मेरी गोली से न मरता। इसके लिए कोर्ट मुझे कोई भी सजा दे सकती है। मैं खुश हूँ।”

मेवा सिंह ने अपने मुकदमे को बहुत ही सरल बना दिया था, क्योंकि उन्होंने अपना अपराध स्वीकार कर लिया था, जिसे वे पुण्य का कार्य मानते थे और कोई वकील भी उन्होंने नहीं किया था। कोर्ट ने उन्हें मौत की सजा सुनाई। उन्हें 11 जनवरी, 1915 के दिन फाँसी पर चढ़ा दिया गया। वे खुशी से और संतोष के साथ फाँसी पर झूल गए। शहीद होने के पहले वे छोड़ गए अपने देशवासियों के नाम अपना अन्तिम सन्देश। उन्होंने अपना यह सन्देश स्थानीय गुरुद्वारा के पुजारी को दिया था, जो उनके अन्तिम दर्शनों के लिए उनसे जेल में मिलने गया था। वह सन्देश यह है– “मैं फाँसी के तख्ते पर उसी तरह चढ़ूँगा, जिस तरह कोई छोटा बच्चा अपनी माँ की गोद में दूध पीने के लिए चढ़ता है। फाँसी की रस्सियों को मैं फूलों की माला की तरह अपने गले में पहन लूंगा। वाहे गुरु! वाहे गुरु!! मेरे अन्तिम शब्द होंगे।” सरदार मेवा सिंह का यह पैगाम देशप्रेम एवं स्वजाति–प्रेम का प्रमाण है।

वह शेर की तरह शिकार पर जा टूटा

सरकार के इन तमाम अत्याचारों ने जनता को, विशेष कर वहाबी जनता को, आन्दोलित कर दिया था। अहमदुल्ला और अमीर खां जैसे लोकप्रिय नेताओं की गिरफ्तारी से और अनुचित प्रकार से उन्हें जेल में बन्द रखने से उनके कुछ शिष्य बहुत अधिक उत्तेजित हो उठे। अब्दुल्ला वहाबी अपने गुरु अहमदुल्ला के बड़े भक्त थे। उसने एक तेज धार वाला बड़ा छूरा लेकर जस्टिस नार्मन का बध उस समय कर डाला, जबकि वे अदालत की सीढ़ियों पर चढ़ रहे ये। यह घटना 20 सितम्बर, 1871 की है।

बहादुर वहाबी अब्दुल्ला को 20 सितम्बर, 1871 को ही घटनास्थल पर गिरफ्तार कर लिया गया था। अब्दुल्ला को अपनी गिरफ्तारी का कोई दु:ख नहीं था, क्योंकि उन्हें तो अपने गुरु की सजा का बदला लेना था। वह उन्होंने जस्टिस नार्मन को जान से खत्म करके ले लिया था। अंग्रेजों के अत्याचारों ने ही वहाबी अब्दुल्ला को पैदा किया था। अब्दुल्ला पर कलकत्ता के ही न्यायालय में कत्ल का मुकदमा चला। उन्हें फाँसो की सजा दी गयी। कलकत्ता की जेल में अब्दुल्ला को फाँसी पर लटका दिया गया। उनका नाम भी देश के अमर शहीदों में हमेशा के लिए अंकित हो गया।

यह समय था 1872 का और लार्ड मेयो के शासन का। लार्ड मेयो अपनी सख्तियों के लिए बदनाम था। वह काफी जुल्म कर चुका था। और एक जालिम शासक के रूप में मान्यता पा चुका था। लार्ड मेयो ने फरवरी 1872 में अण्डमान जाने का प्रोग्राम बनाया था। फलत: अण्डमान की पोर्ट ब्लेयर स्थित सेल्युलर जेल को खूब सजाया गया। कैदियों से कहा गया कि वे अपने अंग्रेज आका का धूमधाम से स्वागत करें। इसी जेल में अहमदुल्ला अपनी उम्र कैद की सजा काट रहे थे। उनके छोटे भाई भी उम्र कैद की सजा काट रहे थे और इसी जेल में दर्रा खैबर का रहने वाला शेर-दिल वहाबी पठान शेर अली भी अपनी सजा काट रहा था। शेर अली अहमदुल्ला का पक्का चेला था। वह अपने पीर के एक इशारे पर अपनी जान दे सकता था और दूसरे की जान ले भी सकता था।

हिन्दुस्तान के सबसे बड़े हाकिम लार्ड मेयो अपने पूर्व प्रोग्राम के अनुसार 8 फरवरी 1872 ई० को अण्डमान पधारे। उन्होंने जेल का मुआइना

किया। वे वापस हिन्दुस्तान (इण्डिया) लौटने के लिए अग्निबोट पर सवार हुए। पर वे अभी सवार हो ही रहे थे कि शेर-दिल शेर अली हाथ में तेज छूरा लिए हुए एक शेर की तरह अपने शिकार पर जा टूटा और गिरफ्तार किए जाने के पहले ही उसने लार्ड मेयो को इण्डिया के बजाय यमपुरी पहुँचा दिया। लार्ड मेयो का खुन समुद्र के पानी में गिर कर पानी-पानी हो गया। किसी सबसे बड़े अंग्रेज अधिकारी के कत्ल

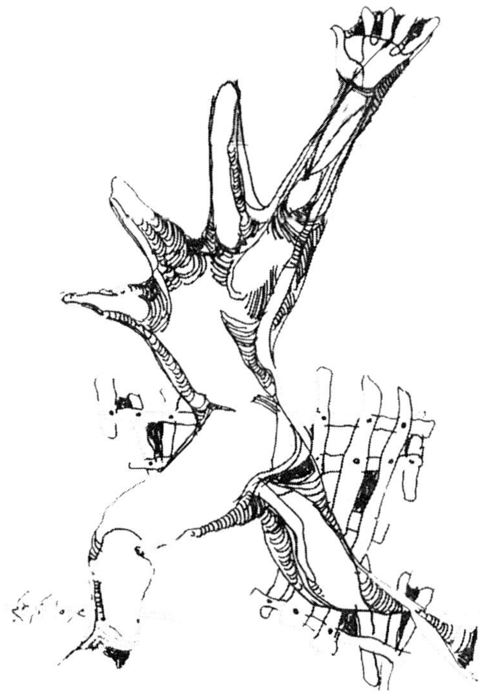

की यह पहली घटना थी। अण्डमान में घुट-घुट कर जान देने के बदले वीर शेर अली ने सबसे बड़े अधिकारी को मार कर राष्ट्रीय अपमान का बदला ले लिया। शेर अली वास्तव में खैबर का शेर था और वह भारत का तेजस्वी शूरमा क्रान्तिकारी था। भारतीय क्रान्तिकारियों के इतिहास में शेर अली का नाम स्वर्णाक्षरों में अमिट स्याही से हमेशा के लिए लिख गया है । "शेरे-हिन्द शेर अली जिन्दाबाद।"

मौलवी अहदम शाह हिन्दुओं को भी प्यारे थे

मौलवी अहमद शाह फैजाबाद जिले के एक बड़े जमींदार थे, लेकिन जमींदारों की ऐश-परस्ती उनको छू भी नहीं पाई थी। अपने अच्छे चलन और राजकाजी व मजहबी जानकारी के लिये वह इलाके भर में मशहूर थे और राजाओं व नवाबों के महलों से लेकर किसानों की मामूली झोपड़ियों तक में उनका नाम बड़ी इज्जत से लिया जाता था।

मौलवी अहमद शाह न तो मजहबी किताबों में डूबे रहने वाले मौलवी थे, और न रिआया से टैक्स वसूल करके उस पर गुलछर्रे उड़ाने वाले जमींदार। मुल्क की सियासत से भी उनको गहरी दिलचस्पी थी और उनको इस बात से बड़ा दुख होता था कि अंगरेजों की ताकत हिन्दुस्तान में धीरे-धीरे बढ़ती चली जा रही है और कुछ अपने ही भाई अपनी खुदगर्जी में अपने इस मुल्क को गुलाम बनाने में अंग्रेजों की मदद कर रहे हैं। वह जब तब अपने इस ख्याल को जाहिर भी किया करते थे। लेकिन उस जमाने में आम जनता को राजनीति से कोई दिलचस्पी नहीं थी और राजाओं नवाबों को ऐसी बातें सुनने से भी डर लगता था।

लेकिन सन् 1856 में जब लार्ड डलहौजी ने निहायत बेशर्मी के साथ अवध के इलाके को कम्पनी के अधिकार में ले लिया और नवाब वाजिदअली शाह को कैद करके कलकत्ते भेज दिया गया तो मौलवी अहमद शाह इसे बर्दाश्त नहीं कर सके। उन्होंने समझ लिया कि इस तरह एक-एक करके हर एक नवाब और राजा के साथ ऐसा बर्ताव होगा और पूरा देश अंगरेजों के अधीन हो जाएगा। इसके साथ ही मौलवी साहब ने यह भी महसूस किया कि आजादी की लड़ाई तब तक कामयाब नहीं हो सकेगी, जब तक इस देश की पूरी जनता इसमें हिस्सा न ले। इसीलिए न तो उन्होंने राजाओं, नवाबों की डयोढ़ियों के चक्कर लगाए और न सिर्फ मुसलमान जनता तक ही अपने प्रचार को महदूद रक्खा। मौलवी अहमद शाह ने हिन्दू-मुसलमानों में एक साथ देश की आजादी के नाम पर अंग्रेजों के खिलाफ हथियार उठाने का प्रचार शुरू कर दिया। सन् 1857 की आजादी की लड़ाई के दूसरे नेताओं और मौलवी अहमद शाह में यही खास फर्क है, जो उनको कुछ ज्यादा इज्जत का हकदार बना देता है। काश, कुछ और नेता मौलवी अहमद शाह का साथ देते, तो शायद 1857 की लड़ाई इस तरह से नाकामयाब न होती।

मौलवी अहमद शाह के प्रचार का ढंग यह था कि वह लखनऊ से आगरा तक के बीच बराबर दौरे करते रहते थे और दस-दस हजार आदमियों की भीड़ उनकी तकरीर सुनने के लिए इकट्ठा होती थी। मौलवी अहमद शाह उनको समझाते थे कि अंगरेज किस तरह इस मुल्क में बढ़ते गए और अगर पूरा मुल्क उनके कब्जे में चला गया तो उसका नतीजा

आम जनता के लिए क्या होगा। इस तरह यह तकरीरें सौ फीसदी सियासी तकरीरें होती थीं और मौलवी अहमद शाह की बाणी में कुछ ऐसा जादू था कि कई घंटे तक हजारों आदमी बुत बने हुए उनकी तकरीरें सुनते और मुल्क की बेबसी पर आंसू बहाते थे। उस जमाने में मौलवी अहमद शाह शायद पहले नेता थे, जिन्होंने अपने प्रचार का यह तरीका अपनाया था।

उस जमाने में अंग्रेजों के मुखबिरों का जाल सिर्फ राजाओं नवाबों के राजदरबारों और महलों तक ही सीमित था, इसलिए मौलवी अहमद शाह का यह खुला प्रचार भी कुछ महीनों तक उनकी नजर में न आ सका। लेकिन जब आग ज्यादा बढ़ी और उसकी लपटें अंग्रेजों को भी लगने लगी, तो उन्होंने मौलवी अहमद शाह को गिरफ्तार करने का हुक्म दिया। अवध की पुलिस ने अंग्रेजों का हुक्म मानने से इन्कार कर दिया, इस पर फौज भेजी गई और मौलवी साहब गिरफ्तार कर लिये गए, इनके साथ ही तुरन्त मौलवी साहब पर मुकदमा भी कर दिया गया और उनको फाँसी की सजा सुना दी गई। फांसी की तारीख तक के लिये मौलवी साहब को फैजाबाद जेल में बन्द कर दिया गया।

मौलवी अहमद साहब की गिरफ्तारी और उनकी फांसी की सजा की खबर जनता को जैसे ही मिली, वैसे ही इलाके भर में आग सी लग गई। फैजाबाद शहर में उस वक्त दो पैदल पलटन, कुछ सवारी और कुछ तोपखाना था, जो इस वक्त तक अंगरेजों का पूरी तरह वफादार था। लेकिन मौलवी अहमदशाह की गिरफ्तारी की खबर पाते ही वह देश के वफादार हो गए और मौलवी अहमद शाह हिन्दुओं को भी कितने प्यारे थे, इसका सबसे बड़ा सबूत यह है कि मौलवी साहब की गिरफ्तारी के विरोध में सबसे पहले हथियार उठाने वाला एक हिन्दू सूबेदार दिलीप सिंह था, जिसने फैजाबाद के तमाम अंग्रेज अफसरों को कैद कर लिये और फैजाबाद की आजादी का एलान कर दिया।

इसके बाद हिन्दुस्तानी सिपाहियों और जनता की बड़ी भीड़ जेलखाने पर पहुंची और उसने दीवार तोड़ कर मौलवी अहमद शाह के बाहर निकाल लिया। मौलवी साहब की बेड़ियाँ काट डाली गयीं और जनता व सिपाहियों ने उनको अपना नेता चुन कर उनकी ही मातहती में काम करने का फैसला किया। इस तरह फैजाबाद के इलाके की बागडोर पूरी तरह मौलवी साहब के हाथों में आ गई।

उस वक्त मौलवी साहब ने जो पहला काम किया, उससे न सिर्फ मौलवी साहब का बल्कि पूरे हिन्दुस्तान का सर ऊँचा हो गया था। यह काम था अंग्रेज अफसरों और उनके बाल-बच्चों को पूरी हिफाजत के साथ फैजाबाद से रवाना करना। यह अंग्रेज किश्तियों के जरिये फैजाबाद से रवाना किये गए और रास्ते के लिए उनको काफी रसद भी दे दी गई। मौलवी अहमद शाह ने उन अंग्रेजों की भी हिफाजत की, जो उनको फांसी के तख्ते पर भेज चुके थे। अंग्रेजों के साथ ठीक यही वर्ताव मौलवी अहमद शाह के दूसरे साथियों यानी शाहगंज के ताल्लुकेदार राजा मान सिंह, सालोनी के जमींदार सरदार रुस्तम शाह और कालाकांकर के राजा हनुमन्त सिंह ने भी किया। अंग्रेजों को फैजाबाद से निकाल लेने के बाद 9 जून, 1857 को यह एलान कर दिया गया कि फैजाबाद के इलाके से कम्पनी की हुकूमत खतम हो चुकी है और अब वह वाजिदअली शाह की हुकूमत में है। इसके साथ ही पूरे इलाके का ऐसा इन्तजाम भी कर दिया गया, जिससे गुन्डे और शरारती लोग जो ऐसे ही मौकों की तलाश में रहते हैं, सर न उठा सकें।

आखिर झंडा फहरा दिया

सरकारी नीति के खिलाफ सर्वप्रथम बम्बई के नागरिकों ने प्रतिक्रिया व्यक्त की और अपनी नाराजगी प्रकट की, क्योंकि उनके बीच में से ही भारत के प्रिय नेताओं को अचानक उठा कर अज्ञात स्थान पर ले जाया गया था। कुछ भूमिगत कांग्रेसी कार्यकर्ताओं ने कार्य परिषद का गठन किया। उसके बाद बम्बई में आंदोलन ने निश्चित और संगठित रूप धारण किया। कुछ दिनों तक तो वास्तव में यह पता ही नहीं चला कि कार्यकारिणी समिति के सदस्यों को कहाँ ले जाया गया। बम्बई और अन्य स्थानों पर 9 तारीख को ही कर्फ्यू लगा दिया गया।

नेताओं को गिरफ्तारी के विरोध में 9 अगस्त, 1942 को बम्बई में एक जुलूस निकाला गया। छात्रों ने जुलूस निकालने में पहल की। यह व्यवस्था

की गई थी कि जुलूस ग्वालिया टैंक पार्क और शिवाजी पार्क में राष्ट्रीय ध्वज फहरा कर समाप्त हो जाएगा। पुलिस ने हस्तक्षेप किया और जुलूस को आगे न बढ़ने दिया। परंतु अरुणा आसफ अली किसी तरह चकमा दे कर वहाँ पहुँच गई और उन्होंने पार्क में झंडा फहरा दिया। एक बड़ी सभा भी हुई, जिसमें 10,000 लोग उपस्थित थे। शांतिपूर्ण प्रदर्शनकारियों पर आंसू गैस छोड़ी गई, लाठियाँ बरसाई गई और गोलियाँ चलाई गई, जिसके फलस्वरूप 5 व्यक्ति मारे गए और 30 घायल हुए। ये आंकड़े बम्बई के पहले दिन के थे। सरकार ने सभी सभाओं और जुलूसों पर प्रतिबंध लगा दिया। लगभग 10,000 छात्रों ने 10 तारीख को जुलूस निकाला। वे अपने कॉलेज के प्रांगण में जाना चाहते थे। परंतु प्रांगण के द्वार उनके लिए बंद थे। अत: वे प्रांगण के बाहर सड़क पर बैठ गए। धीरे-धीरे अन्य लोग भी धरना देने वाले छात्रों के साथ बैठने लगे। सड़क पर बैठे इस विशाल जनसमूह ने कोई हिंसात्मक कार्यवाही नहीं की। परंतु अचानक पुलिस और सेना ने गोली चला दी और लगातार 15 मिनिट तक गोली चलाती रही। इसमें 16 व्यक्तियों की मृत्यु हो गई और अनेक लोग घायल हुए। तब तक सभी प्रदर्शनकारी शांतिपूर्वक थे और न ही उन्होंने तब तक अपनी हिंसात्मक भावना को किसी प्रकार से प्रकट किया था। इसके बाद लोगों ने तोड़फोड़ करनी शुरू कर दी। बी०बी०सी०आई० और जी०पी०आई० के रेलवे स्टेशनों पर धावा बोला गया और नागरिक रेल यातायात में बाधा पहुँचाई गई और यही हाल नगर की ट्रामों का था। गलियों की बिजली की बत्तियों पर भी इसका प्रभाव पड़ा।

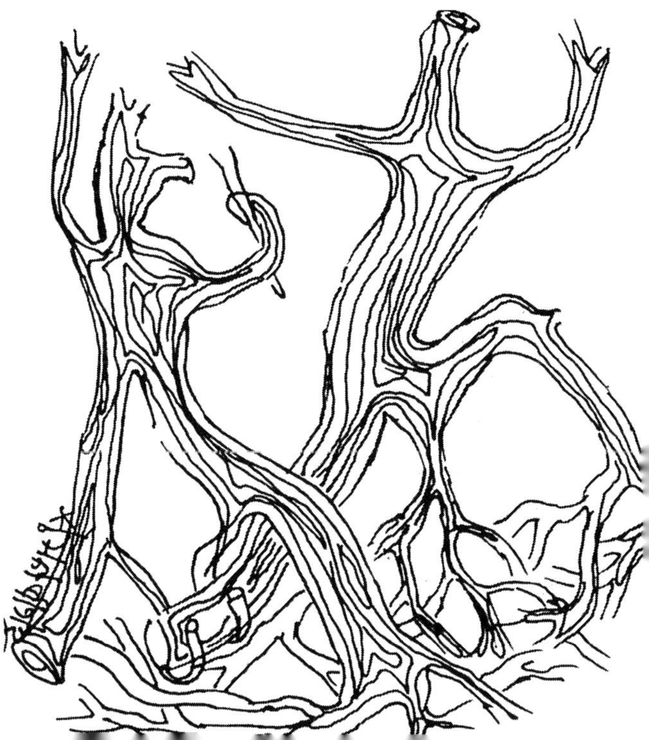

निस्संदेह यह क्रांति थी और यह क्रांति केवल लोगों के मन में ही नहीं थी, यह उनकी जुबान पर भी थी। वे नारे लगा रहे थे: 'इंकलाब जिंदाबाद', 'स्वतंत्र भारत जिंदाबाद', 'हम करेंगे, हम मरेंगे', 'गांधीजी जिंदाबाद'; 'भारत माता की जय', 'भारत की क्रांति जिंदाबाद' आदि। घायलों को अस्पताल ले जाने के लिए पुलिस के पास कोई एम्बुलैंस गाड़ी नहीं थी। दूसरे लोगों ने घायलों को अस्पताल पहुँचाया। इनमें से कई लोगों की अस्पताल में मृत्यु हो गई। बेंत मारने का अधिनियम फिर से लागू किया गया और इस संबंध में लोगों और गैर-कांग्रेसी माननीय नेताओं के विरोध की उपेक्षा की गई। सरकार ने जनता की भावनाओं की परवाह न करते हुए बिना किसी विवेक के सार्वजनिक रूप से लोगों को बेंत लगाना शुरू कर दिया। निर्दोष युवा लोगों को गलियाँ साफ करने, कूड़ा, सोडावाटर की टूटी बोतलें और कचरा उठाने के लिए मजबूर किया गया। शहर-भर में कर्फ्यू लगा दिया। तंग आकर नागरिकों ने हिंसा का सहारा लिया- फिर भी केवल पत्थर ही फेंके गए। सितम्बर के अंत में लोगों ने बम फेंकने शुरू किए। सभी दमनकारी कार्यवाइयों का मुकाबला करते हुए अक्तूबर में लोगों ने आंदोलन को और तीव्र कर दिया। तीन अक्तूबर को मझगांव पुलिस न्यायालय पूरी तरह से जला दिया गया।

बम्बई प्रांत में पुलिस और सेना ने लोगों को जान से मारने का ही निश्चय कर रखा था, वह उनको तितर-बितर होने के लिए केवल धमकी न देकर मारना चाहती थी। इसलिए शरीर के ऊपरी भाग को निशाना बनाया जाता था। कई स्थानों पर अविवेकपूर्ण गिरफ्तारियाँ, छेड़-छाड़ और अपमानजनक व्यवहार किया गया। घरों के ताले तोड़ कर लूटा गया। सरकार ने साम्प्रदायिक तनाव पैदा करने का प्रयत्न किया, परंतु असफल हुई। सरकार की ओर से जो ज़्यादतियाँ हुई, उनकी स्वयं उनके अपने लोगों ने निंदा की। बम्बई के एडवोकेट जनरल और सरकारी वकील ने सरकार के दमनकारी कदमों के विरोध में त्यागपत्र दे दिया। बिहार के एडवोकेट जनरल ने भी बिहार सरकार की नीति के विरोध में अपना त्यागपत्र दे दिया।

अंग्रेजों का दरिन्दापन

अंग्रेज दरिन्दों के स्तर के बारे में गवर्नर जनरल केनिंग ने लिखा है– "उन सभी लोगों को जिन पर नहीं के बराबर शक था अन्धाधुन्ध फांसियों, गावों की आम लूट और आगजनी के जरिये गुनहगार और बेगुनाह सबको आयु या स्त्री पुरुष का ध्यान रखे बगैर सजा दी गई है। अब खेती रुक गई है और अकाल सर पर है।" अदालतों के बारे में होम्स ने लिखा है – "फौजी अदालत की कुर्सी पर बैठने जाते समय अधिकारीगण शपथ लेते थे कि वे सभी कैदियों को मौत की सजा देंगे। नादान अंग्रेज सिपाही फांसी देने के पहले चिढ़ाते, यंत्रणा देते और अफसर स्वीकारात्मक दृष्टि से दूर देखते थे।"

खुद अपनी सेना के लोगों के साथ विदेशी अत्याचारियों के व्यवहार का उदाहरण 26 नवम्बर, 1857 को अजनाला (अमृतसर) में लाहौर छावनी से भागे पाँच सौ भूखे प्यासे सैनिकों का घेराव है। पहले चारो तरफ से गोलियाँ चलायी गई। इनमें से डेढ़ सौ घायल रावी नदी में कूदकर मर गये। शेष घायलों को एक गुम्बद में ठूस दिया गया। कुछ तो दम घुटने से मर गये। बाकी को दस-दस की टोली में गोली से उड़वाया गया। इनकी लाशें कुएँ में डालकर पाट दी गई।

अम्बाला से दिल्ली आने वाले एक अंग्रेज ने लिखा– –"थोड़े ही समय में कोर्ट मार्शल के सामने हजारों हिन्दुस्तानियों को मौत की सजायें दे दी गई। जब उनके लिए फांसी का तख्ता तैयार किया जा रहा था उनके सरों के बाल गुच्छे-गुच्छे कर उखाड़े गये। शरीरों में संगीनें चुभायी गयीं। किसी प्रकार का नुकसान न पहुँचाने वाले गांव के हिंदुओं के मुंह में भालों के नोक से गाय का गोश्त ठूँसा गया।" मजेन्दी ने लिखा है – "लखनऊ में विजय प्राप्त करने के बाद अन्धाधुन्ध कत्लेआम में कोई भेदभाव नहीं बरता गया। सिपाही है या ग्रामीण इससे सरोकार न था। उसकी चमड़ी काली थी क्या इतना ही पर्याप्त न था? एक रस्सी का टुकड़ा, एक पेड़ की डाल अथवा भेजे को चीरकर जाती हुई राइफल की गोली काफी थी।"

एक सिपाही की शहादत का बड़ा वीरोचित तथा करुण चित्रण रसेल ने अपनी डायरी में लिखा है– "कुछ सिपाही जिन्दा बचे थे उन्हें

भी निर्दयतापूर्वक मार डाला गया। उनमें से एक को पैरों से घसीटकर बाहर रेतीले मैदान में ले जाया गया। यहाँ कुछ अंग्रेजों ने उसके चेहरे और शरीर में संगीनों को भोंका! फिर छोटी सी चिता बनाई गई तो उसे जिन्दा चिता में ढकेल दिया गया। इस नारकीय नृशंसता की भयंकरता तब और बढ़ गई जब उस अभागे सिपाही ने बड़ी कोशिश से जलती चिता से निकलने की कोशिश की। एकाएक वह उछलकर निकल आया। वह इतना जल चुका था कि उसका मांस हड्डियों से अलग लटक रहा था। वह कुछ कदम ही भाग पाया कि उसे पकड़कर फिर चिता में फेंक दिया गया। वहाँ संगीनों से उसे रोके रखा गया।" भारतमाता के उस अज्ञात शूरपुत्र की कथा तत्कालीन भारत का करुणापूर्ण चित्र बन गया है। (1857)

लाशों के बीच सरकारी समारोह

सन् 1896 में भारत को अकाल का सामना करना पड़ा। सरकार लोगों के कष्ट दूर करे इस बात पर बाल गंगाधर तिलकजी ने जोर दिया। अकालपीड़ित किसानों की उन्होंने सहायता की। प्रत्येक जिले की स्थिति की जानकारी प्राप्त कर, उन्होंने साप्ताहिक 'केसरी' और 'मराठा' में प्रकाशित की।

अकाल के शिकंजे से अभी लोग मुक्त ही नहीं हुए थे की प्लेग की महामारी फैल गयी। जनता अकाल और प्लेग से पीड़ित थी। उधर सरकार उनके प्रति एकदम उदासीन थी।

तिलकजी ने अपने पत्रों में तीखी आलोचना की। निर्भीकता से प्लेग तथा अकाल से हुई भीषण जनहानि के समाचार छापे। रानी विक्टोरिया के राज्य की हीरक-जयंती मनाने की तैयारियाँ शुरु हो गयी थीं। एक ओर

जनता प्लेग के शिकार लोगों की अंत्येष्टि में व्यस्त थी, तो उधर सरकार हीरक महोत्सव की तैयारी में!

अंत में प्लेग पर नियंत्रण पाने के लिए एक विशेष अधिकारी की नियुक्ति की गयी। उसका नाम रैण्ड था। यह रैण्ड प्लेग से भी भयानक था। प्लेग-ग्रस्त घर खाली करवाने के लिए उसने सशस्त्र सैनिकों को भेजा।

सैनिक लोगों के घरों में घुसते और अपनी बंदूक की नोक पर आंतक फैलाते। कोई रोग का शिकार है या नहीं इससे उनका कोई संबंध नहीं था। किसी को भी लेकर अस्पताल में भरती कर देते। बाकी लोगों को दूर-दूर के शिविरों में भेज देते। उनका जो कुछ सामान रहता वह कीटाणुयुक्त कहकर उसे जला देते। इस प्रकार 'रैण्ड' प्लेग से भी बदतर साबित हुआ।

सरकार पागल बन गई?

'रैण्ड' के जुल्म और अत्याचार से एक युवक चिढ़ गया और उसने 'रैण्ड' को बंदूक की गोली से उड़ा दिया। उसके बाद पुलिस के अन्याय और अत्याचारों की सीमा न रही।

यह देखकर तिलकजी का खून खौल उठा।

साप्ताहिक 'केसरी' में क्या सरकार पागल बन गई?' इस शीर्षक से सरकार की अनैतिक वृत्ति का उन्होंने धिक्कार किया।

तिलकजी की तीखी भाषा से सरकार कांप उठी। और वह इस निष्कर्ष पर पहुंची कि जब तक तिलकजी बाहर हैं, तब तक सरकार के अस्तित्व को खतरा है। किसी बहाने उन्हें कारागृह में बंद करना ही चाहिये।

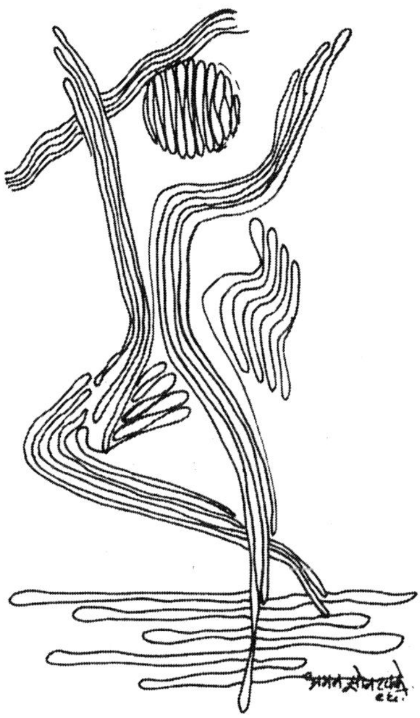

अपने लेखों द्वारा, अशांति निर्माण करना, कानून भंग करना तथा सरकार

के विरोध में लोगों को भड़काना, ये आरोप उन पर लगाये गये और डेढ़ वर्ष की सख्त कारावास की सजा दी गई।

पिंजड़े में बंद सिंह

उन दिनों, कारागृह की कोठरियाँ वास्तव में 'नरक' थीं। तेरह वर्ग फुट की पूरी कोठरी अंधकार से भरी रहती थी। कैदी को करवट लेने के लिए भी जगह नहीं रहती थी। कंबलों में जुएं भरी रहतीं और कमरे में अनगिनत मच्छर रहते। रक्त चूसने वाले खटमलों की और मच्छरों की होड़-सी लग जातीं। रोटियों में रेती का मिश्रण और मोटे कपड़े का वेष। अधिकारी वर्ग निर्दयता से मार-पीट करता और निर्दयता से कैदियों से काम करवाता।

तिलकजी को नारियल के रेशों से रस्सी तथा चटाई बनानी पड़ती। उनकी उंगलियाँ छिल गयीं। मैक्समुलर जैसे विद्वान् ने जिस 'ओरायन' ग्रंथ की प्रशंसा की थी, वह ग्रंथ लिखने वाली उंगलियाँ अब यह काम कर रहीं थीं, रक्त से भर जाती थीं। चार माह में उनका वजन तीस पौंड घट गया।

जो थोड़ा-बहुत समय मिलता उसमें तिलकजी पढते तथा सीखते थे। एक अमूल्य ग्रंथ "आर्कटिक होम ऑफ द् वेदाज" की रचना उन्होंने इसी कारागृह में की थीं।

देश का दुर्भाग्य

ब्रिटिशों ने बंगाल का विभाजन किया। बंगाल के लोगों ने 'बहिष्कार' का प्रभावशाली शस्त्र के समान उपयोग किया। बंगाल के विभाजन के विरुद्ध एक प्रभावी आंदोलन प्रज्वलित हो गया। वहाँ का एक जिला-न्यायाधीश मूर्तिमंत अन्यायी था। खुदीराम बोस नामक एक क्रांतिकारी ने उस पर बम फेंका।

जनता का आवेश कम करने के लिये सरकार ने अत्यंत कठोर तथा निर्दय पद्धति का अवलंब किया। अरविंद को लोहे की हथकड़ियाँ पहनाकर और कमर में रस्सी बांधकर पुलिस थाने में ले जाया गया। विस्फोटक पदार्थ का उपयोग करने का संदेह जिस किसी व्यक्ति पर होता, उसे चौदह वर्ष की सजा दी जाती।

इस प्रकार के दृष्ट कृत्यों के कारण जनता, सरकार के विरुद्ध लड़ने के लिये तैयार हो गयी। तिलकजी का खून खौल उठा। उन्होंने 'देश का

दुर्भाग्य' इस शीर्षक से 'केसरी' में एक लेख लिखा, सरकार को लताड़ा। उन्होंने लिखा था-

'देश में बमों का निर्माण हो यह दुर्भाग्य की बात है। परंतु बम बनाने के लिये और फेंकने के लिये लोग विवश हों, ऐसी स्थिति निर्माण करना, इसके लिये केवल सरकार ही जिम्मेदार है। यह सब सरकार के अन्यायी राज्य के कारण हो रहा है।'

हवा से भरे गुब्बारे में कांटा चुभने के समान ब्रिटिशों की स्थिति हो गयी। उन्होंने तय किया कि जब तक तिलकजी मुक्त हैं, तब तक उनसे शासन को खतरा है।

देश के बाहर

'देश का दुर्भाग्य' इस लेख पर सरकार ने तिलकजी के विरुद्ध देशद्रोह का आरोप लगाया। 24 जून, 1908 को बंबई में उन्हें पकड़ा गया। 6 वर्ष की सजा देकर उन्हें भारत के बाहर भेज दिया गया।

कारागृह में भी विद्वत्ता और नेतृत्व

ब्रह्मदेश में मांडले के कारागृह में तिलकजी का छोटा कमरा लकड़ी की पट्टियों से बना था। उसमें एक पलंग, टेबल, कुर्सी और किताबों की आलमारी थी। उसमें सर्दी तथा हवा से बचने की कोई व्यवस्था नहीं थी। दूसरे लोगों से संपर्क तोड़कर उन्हें दूर रखा गया था।

सजा का एक वर्ष पूरा हो गया था कि तिलकजी को उनके मित्र से एक सूचना प्राप्त हुई। सूचना यह थी कि यदि तिलकजी कुछ शर्तें स्वीकार करें, तो उन्हें मुक्त किया जा सकेगा। तिलकजी ने मित्र को लिख भेजा "अब मैं 53 वर्ष का हूँ। यदि मेरी आयु के और 10 वर्ष बाकी है तो इसका मतलब कारागृह के बाहर आने के बाद 5 वर्ष मैं और जीवित रहूंगा। इन 5 वर्षों में जनता की सेवा कर सकूँगा। परंतु यदि आज मैंने सरकार की शर्तें मान लीं, तो मेरी आज ही मृत्यु हो जाएगी।"

सश्रम कारावास की सजा साधारण कारावास में घटा दी गयी। इसलिये उन्हें पढ़ने तथा लिखने की अनुमति दी गई। इसी कारावास में उन्होंने 'गीता-रहस्य' नामक ग्रंथ की रचना का महान कार्य किया।

अकेलापन भुलाने के लिये तिलकजी सदैव लेखन तथा वाचन में डूबे

रहते। 6 वर्ष का कारावास समाप्त होने तक उन्होंने चार सौ किताबें जमा की थीं। 'खुद सीखो' मार्गदर्शिका तैयार की तथा जर्मन और फ्रेंच भाषा भी सीख ली।

स्वराज्य हमारा जन्मसिद्ध अधिकार है हम इसे लेकर रहेंगे

स्वराज्य यह हमारा जन्मसिद्ध अधिकार है। और किसी भी कीमत पर हम उसे प्राप्त कर ही लेंगे। जापानी लोग, हमारे समान एशियाई होने पर भी मुक्त हैं, तो फिर हम क्यों गुलाम बने रहें? अपनी मातृभूमि के हाथों में हथकड़ियाँ क्यों रहें?"

जैसे-जैसे दिन बीतते गये, लोकमान्य तिलकजी के 'स्वराज्य हमारा जन्मसिद्ध अधिकार है,' इस नारे का प्रभाव प्रत्येक भारतीय के मन पर गहरा होने लगा।

भारत से ब्रिटिश शासन नष्ट करने के उद्देश्य से ही उन्होंने गणेशोत्सव, शिवजयंत्युत्सव, पैसा फंड और राष्ट्रीय शालाओं का निर्माण किया।